Buchkonzept und Realisation: Arnold Zabert, Hamburg
Rezepte: Johann Lafer
Redaktion:
Marietta Tannert, Dr. Ulrike Busch, Klaus Schneider,
Ursula Zylmans, Sabine Güstel
Fotografie: Arnold Zabert, Walter Cimbal, Gabriele Bohle, Peter Bischoff (Titel)
Kochstudio:
Klaus-Peter David, Johann Lafer, Dirk Steinfeld, Regine Strohner
Grafische Gestaltung: Heidi-Ursula Clarus
Herstellung: Hans-Werner Jung
Lithografie: Kruse Reproduktionen, Vreden
Satz: Typografika, Bielefeld
Druck: Eentrup Druck, Bielefeld
Bindung: Buchbinderei Hollmann, Darmstadt

Verlag Zabert Sandmann
Patthorster Straße 127, 4803 Steinhagen
Telefon (0 52 04) 33 83, Telex 937 858 vzasa d
Redaktion Hamburg Oberstraße 127, 2000 Hamburg 13
Telefon (0 40) 4 10 45 35, Telefax (0 40) 4 10 71 54

Dieses Buch erscheint im Rahmen der ZDF-Fernsehserie
"ESSEN WIE GOTT IN DEUTSCHLAND", die in Zusammenarbeit
mit der CMA — Centrale Marketinggesellschaft der
deutschen Agrarwirtschaft, dem Deutschen Weininstitut, dem
VARTA-Führer und der montanamedia produziert wurde.

© Verlag Zabert Sandmann 1987
Hamburg und Steinhagen
1. Auflage 1987
ISBN 3-924678-05-7

CIP-Kurztitelaufnahme der Deutschen Bibliothek:
Lafer, Johann: Weihnachtsbacken mit Johann Lafer und Thekla Carola Wied:
(dieses Buch erscheint zur ZDF-Fernsehserie: "ESSEN WIE GOTT IN DEUTSCHLAND")
(Rezepte: Johann Lafer. Fotogr.: Arnold Zabert; Walter Cimbal.
— 1. Aufl. — Hamburg; Steinhagen: Zabert Sandmann, 1987
ISBN 3-924678-05-7

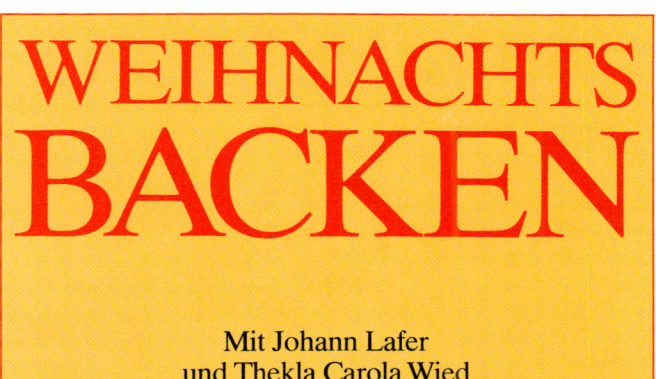

WEIHNACHTS BACKEN

Mit Johann Lafer
und Thekla Carola Wied

ZABERT
SANDMANN

DER INHALT

WARUM ICH
WEIHNACHTSBACKEN
SO SCHÖN FINDE

Hat es bei Ihnen zu Hause, liebe Leserin und lieber Leser, vor Weihnachten auch immer so toll geduftet — nach Zimt, Kardamom und Nelken? Und war Ihnen auch manchmal ein bißchen schlecht vom vielen Naschen am frischen Teig?

Für mich war jedenfalls schlagartig die Erinnerung an meine Kinderzeit wieder da, als ich jetzt mit Johann Lafer zusammen in der Fernsehküche stand und wir gemeinsam Teige anrührten und ausrollten, Formen ausstachen, Backbleche mit Lebkuchen bestückten und Stollen anschnitten. Mir fielen auch wieder die Blechdosen ein, die Mutter wie einen Nibelungenschatz hütete. Aber zum Glück gab's ja Großmutter, die sich von uns Kindern hin und wieder erweichen ließ und den Deckel öffnete.

Vieles davon hatte ich halb vergessen, weil wir Schauspieler meist auch in der Adventszeit ein Nomadenleben führen und uns kaum Muße bleibt für eine zünftige Weihnachtsbäckerei.

Auch deswegen hat mir diese Sendung einen langgehegten Wunsch erfüllt.

6

Und dann habe ich bei dieser Gelegenheit vom großen Patissier Lafer eine Menge gelernt. Vor allem hat er mir die Angst genommen, die süßen Wunderwerke könnten für mich zu schwierig sein. Denn, unter uns gesagt, ich bin kein großes Backtalent. Wenn Sie sich an seine Rezepte halten, kann gar nichts schiefgehen. Johann Lafer verrät Ihnen darin nicht nur eine Menge Tricks und Kniffe — er hat auch viele Köstlichkeiten zeitgemäß kalorienreduziert. Apropos Kalorien... Die waren's ja, die mich bisher vom Backen abhielten... Sie verstehen schon? Daher wird Ihnen das bestimmt genauso gut gefallen wie mir.

Denn ich habe während der Aufnahmen natürlich viel mehr genascht, als ich mir vorgenommen hatte. Es schmeckte einfach zu gut...
Vielleicht bringt Sie das Buch auf die gleiche Idee wie mich: In diesem Jahr einmal seinen Freunden Selbstgebackenes zu Weihnachten zu schenken!
Ich wünsche Ihnen ein gutes Gelingen und von Herzen eine schöne Adventszeit!

Ihre
Thekla Carola Wied

7

WESHALB MIR
DIESES BUCH SO AM
HERZEN LIEGT

Schon als kleiner Bub war ich fasziniert von all den Dingen, die sich in Kasserollen und Kuchenformen abspielten. Besonders angetan hatten es mir die köstlichen Süßspeisen — nicht verwunderlich, wenn man in Österreich aufwächst. Für meine Leidenschaft hatte ich glücklicherweise die beste Lehrmeisterin, die man sich denken kann: Meine Mutter ist eine ausgezeichnete Köchin. Und ich wollte eines Tages so gut werden wie sie.

Nach der Kochlehre in meiner Heimat, machte ich mich auf, um in Deutschlands besten Küchen mein Handwerk zu vervollkommnen: In Viehhausers "Le Canard", in den "Schweizer Stuben" zu Wertheim und in Witzigmanns "Aubergine". Erst dann wagte ich den Sprung nach Paris, wo ich beim "König der Zuckerbäcker", Gaston Lenôtre, die Hohe Schule des süßen Raffinements lernte. Seit vier Jahren bin ich nun selbst Küchenchef im Guldentaler "Le Val d'Or". Den Süßspeisen gehört nach wie vor meine große Liebe. Und offenbar die meiner Gäste auch.
Gerade deshalb waren dieses Buch und die Fernsehsendung für mich eine besondere Herausforderung. Wenn einem schon der ehrenvolle Ruf vorauseilt, man sei der meistkopierte Patissier, dann sind natürlich die

Erwartungen entsprechend groß, die an ein Buch über Weihnachtsbäckerei geknüpft werden. Ich hoffe, ich habe sie erfüllen können.

Leicht habe ich es mir nicht gemacht. Ein halbes Jahr intensive Vorarbeit; vieles wurde fünf bis sechs mal zubereitet, ehe es meinen Vorstellungen entsprach: Zeitgemäßes, leichtes Backen mit der jahrhundertealten Weihnachts-Tradition zu verbinden.

Danke sagen möchte ich an dieser Stelle ganz besonders Silvia Buchholz; meiner Küchenmannschaft Klaus Heidel, Dirk Steinfeld, Christian Weger und Andreas Gaul für ihre geduldige Mitarbeit und ausdauernde Hilfe; meinen Freunden und Bekannten für Köstlichkeiten aus dem Familienfundus, indem ich ihre Vornamen mit den Rezepten verbunden habe; allen meinen Stammgästen, die mich nicht nur jahrelang ermutigten, meinen Stil weiter zu verfolgen, sondern mich auch darin bestärkten, dieses Backbuch zu machen; meiner charmanten Fernseh-Partnerin Thekla Carola Wied für ihre Assistenz; meinen Eltern, die meine lange Ausbildung ermöglichten und ohne die es dieses Buch nie gegeben hätte.

Ich wünsche Ihnen soviel Freude beim Backen, wie ich sie hatte!

Ihr
Johann Lafer

WOMIT PROFIS BACKEN

1. ZUCKER-THERMOMETER

Profis benutzen ein Spezialthermometer, auf dessen Skala Grad Celsius und Grad Reaumur angegeben sind. Die Thermometerskala muß Einteilungen bis ca. 150 Grad (Celsius) aufweisen, weil beim Zuckerkochen mit sehr hohen Temperaturen gearbeitet wird.

2. PERGAMENT-PAPIERTÜTCHEN

Zum Auftragen von Verzierungen aus dick angerührtem Zuckerguß, geschmolzener Schokolade oder Kuvertüre auf Plätzchen, Pralinen oder anderem Gebäck. Man kann fertige Papiertütchen in Haushaltswarengeschäften kaufen, oder man fertigt Tütchen aus Pergament- oder Backpapier selbst an.

3. PAPIER-FÖRMCHEN

Praktische Förmchen verschiedener Größen für kleine Portionskuchen. Das Einfetten entfällt, denn die Papierförmchen lassen sich nach dem Backen problemlos vom Gebäck abziehen. Selbstgemachte Pralinen bewahrt man am besten in speziellen Papierpralinenförmchen auf. Erhältlich in Haushaltswarengeschäften.

4. BACKOBLATEN

Hauchdünnes, papierähnliches Gebäck, das ohne Zusatz von Treibmitteln aus Mehl, Eiweiß und Wasser hergestellt wird. Oblaten sind geschmacksneutral und zergehen auf der Zunge. Sie sind unerläßlich für die Zubereitung von Lebkuchen und Makronen. Oblaten verhindern das Anbrennen sehr süßer und unstabiler Teige auf dem Backblech. Außerdem bleibt das Gebäck länger frisch, da es von der Oblate vorm Austrocknen geschützt wird. Backoblaten gibt es sowohl in eckiger als auch in runder Form. Die runden sind mit unterschiedlichem Durchmesser von vier bis zehn Zentimetern im Handel.

5. PRALINEN-BESTECK

Besteht aus einem Abtropfgitter für Pralinen, die mit Glasur überzogen wurden, einer Auffangschale für herabtropfende Kuvertüre (auch als Blech mit Rand zu benutzen) und dem eigentlichen Besteck: drei verschiedene Gabeln zum Eintauchen und Transportieren von Pralinen. In Haushaltswarengeschäften erhältlich.

6. BACKPINSEL

Zum Auftragen von Glasuren und zum Bestreichen von Gebäck oder Plätzchen mit Butter oder Eigelb.

7. STANNIOL-KAPSELN

Kleine Stanniolförmchen mit fein gezacktem Rand. Für Konfekt und kleine Gebäckhappen. In Haushaltswarengeschäften und in den entsprechenden Abteilungen der Kaufhäuser erhältlich.

8. SPRITZTÜLLEN

Ein Spritzbeutel kann mit verschiedenen Tüllen bestückt werden: mit kleinen, mittleren und großen Loch- oder Sterntüllen. Zum Verzieren und Formen von weichen Teigen, Cremes oder Sahne.

9. SPAGAT-KRAPFENFORM

Spezielle Form zum Ausbacken (Fritieren) einer Gebäckspezialität aus der Steiermark. Früher, als man diese Form noch nicht kannte, wurde der Teig auf einer Stielwalze mit Hilfe von Küchengarn ("Spagat") festgebunden. Daher rühren auch die Einkerbungen auf dem Gebäck. Eine Spagatkrapfenform ist selten im Handel erhältlich. Ersatzweise kann man den Teig mit Einkerbungen versehen und ohne Form ausbacken.

OBLATEN-WAFFELEISEN

(ohne Foto)
Spezielles elektrisches Waffeleisen für die Zubereitung hauchdünner Waffeln. Ersatzweise kann auch ein einfaches Waffeleisen verwendet werden.

10. AUSSTECH-FORMEN

Sie werden vor allem bei der Weihnachtsbäckerei benutzt. Beliebte Ausstechmotive sind Herzen, Sterne, Tannenbäume, Glocken und Kreise. Nicht empfehlenswert sind zu filigrane Motive, weil das Gebäck sonst leicht zerbricht oder beschädigt wird.

BACKPAPIER

(ohne Foto)
Auch Antihaft-Backpapier genannt. Es wird zum Auslegen von Backblechen, Spring- oder Kastenformen benutzt, damit der Teig nicht anklebt.
Das Einfetten der Form ist dennoch sinnvoll, damit das pergamentartige Backpapier gut darauf haftet. Backpapier hat meist eine bedruckte Seite mit "Schnittmustern" für verschiedene Formen und Weihnachtsmotive, die man als Schablone benutzen kann. Die unbedruckte Seite muß nach oben zeigen.

FLORENTINER-BLECH

(ohne Foto)
Spezielles Backblech mit flachen, kreisrunden Vertiefungen. In gut sortierten Haushaltswarengeschäften erhältlich; mit oder ohne Antihaft-Beschichtung.

1

2

3

5

4

6

7

8

9

10

11

12

13

14

WOMIT GEWÜRZT WIRD

1. PIMENT
Auch Allzweckgewürz, weil es ein bißchen nach Gewürznelken, Pfeffer, Muskat und Zimt riecht. Unerläßlich für die Weihnachtsbäckerei.

2. KARDAMOM
Fruchtkapseln einer Ingwerpflanze, auch Kardamomen genannt. Die kleinen Samen werden aus dem Inneren der dreigeteilten Kapseln gelöst, gemahlen oder in einem Mörser zerstoßen. Kardamom riecht und schmeckt feurig würzig, hebt und verfeinert das Aroma anderer Gewürze. Bei der Weihnachtsbäckerei unerläßlich für Stollen, Lebkuchen, Pfeffernüsse und Konfekt.

3. STERNANIS
Bräunliche, rosettenartige, sternförmige Früchte mit braunen, glänzenden Samenkörnern. Sternanis duftet wie Anis, ist jedoch feuriger und aromatischer im Geschmack. Zum Würzen von Gebäck werden die Samenkörner aus den Sternkammern gelöst und mit einem Mörser zerstoßen.

KORIANDER
(ohne Foto)
Angenehm mild aromatisches Gewürz mit anisartigem Duft. Bei der Weihnachtsbäckerei verwendet man gemahlenen Koriander für Lebkuchen, Pfefferkuchen, Spekulatius, Honigkuchen und andere würzige Gebäcksorten.

4. VANILLE
Auch Vanillestange; Fruchtschote einer tropischen Orchideenart. Bekannteste Sorte: Bourbon-Vanille. Man verwendet das herausgekratzte Mark, das im Teig oder in der Creme durch winzige schwarze Pünktchen zu erkennen ist — das Erkennungszeichen für echte Vanille. Das Ersatzprodukt Vanillin wird künstlich hergestellt.

5. ZIMT
Auch Canehl genannt, ist die getrocknete Innenrinde des Zimtbaumes. Die dünne, hellbraune Sorte hat einen süßlichen, die dunklere einen kräftigeren Geschmack. Gemahlener Zimt ist ein ideales Mischgewürz für Lebkuchen, Honig- und Gewürzkuchen.

6. ZITRONAT UND ORANGEAT
In hochprozentiger Zuckerlösung konservierte Schalen spezieller unreifer Zitronen- und Orangensorten. Erhältlich als große, mit Zuckerglasur überzogene Stücke und unglasiert gewürfelt (Sukkade). Die großen Schalen ergeben mehr Aroma, da sie erst beim Zubereiten zerkleinert werden. Zitronat und Orangeat sind unerläßliche Gewürze für aromatisches, saftiges Weihnachtsgebäck wie zum Beispiel Stollen.

7. GEWÜRZNELKEN
Getrocknete Blütenknospen des Gewürznelkenbaumes. Sie schmekken feurig scharf und würzen stark. Besonders die gemahlenen Gewürznelken müssen sehr sparsam dosiert werden. Sie passen zu fast jedem Weihnachtsgebäck.

8. INGWER
Südostasiatische Pflanzenwurzel mit intensivem, fruchtig scharfem Aroma. Frisch oder getrocknet, in Sirup eingelegt, gemahlen oder kandiert erhältlich. Für Lebkuchen und würzige Gebäcksorten.

9. MUSKATBLÜTE
Auch Macis genannt, ist der getrocknete Samenmantel der Muskatnuß. Das orangebräunliche Pulver würzt mild aromatisch und nicht so kräftig wie Muskatnuß.

10. SULTANINEN
Getrocknete kernlose Weinbeeren mit goldgelber bis hellbrauner Farbe. Größer und süßer im Geschmack als Rosinen.

ROSINEN
(ohne Foto)
Getrocknete, leicht säuerliche Weinbeeren mit rötlichbrauner, fast schwarzer Farbe.

KOKOSRASPEL
(ohne Foto)
Fein geraspeltes und getrocknetes Fruchtfleisch der Kokosnuß. Ideal für Makronen und andere Gebäcksorten.

11. MUSKATNUSS
Entwickelt frisch gerieben einen intensiv würzigen, feurigsüßen Geschmack. Für Gewürz- und Lebkuchen und für bestimmte Plätzchen.

12. ANIS
Süßlich herb schmeckendes, aromatisches Gewürz. Anis gibt es als ganze Körner (Anissamen) oder gemahlen zu kaufen. Unerläßlich bei der Zubereitung von Lebkuchen, Honigkuchen, Pfeffernüssen und Gewürzplätzchen.

13. KORINTHEN
Sehr kleine, fast blauschwarze, getrocknete, kernlose Weinbeeren mit ganz zarter Schale und herbsüßem Geschmack.

14. HONIG
Wird unterschieden nach Herkunft, Geruch, Farbe, Geschmack und Zusammensetzung. Honig kristallisiert bei längerer Lagerung. Durch langsames Erwärmen bei milder Hitze wird er wieder geschmeidig. Bei Überhitzen karamelisiert der im Honig enthaltene Zukker. Außerdem verändert sich der Geschmack. Echter deutscher Honig ist erkennbar am Einheitsglas des deutschen Imkerbundes mit Banderole und CMA-Gütezeichen. Wichtige Zutat für Honigkuchen, Lebkuchen und Gebäckfüllungen.

WAS SIE ÜBER KUVERTÜRE WISSEN SOLLTEN

Kuvertüre ist eine besonders reine Schokolade mit einem sehr hohen Anteil an Kakaobutter. Sie eignet sich ideal als Glasur oder Verzierung von Gebäck und Pralinen, weil sie zart und klümpchenfrei schmilzt. Allerdings erfordert der Umgang mit Kuvertüre ein gewisses Geschick, denn sie ist sehr temperaturempfindlich. Zuverlässig vor Überhitzung beim Schmelzen schützt ein Joghurtthermometer, das im Haushaltswarengeschäft erhältlich ist. Kuvertüre darf nur im ca. 50 Grad (Celsius) warmen Wasserbad erhitzt werden. Eine zu hohe Temperatur beeinträchtigt ihren Geschmack. Außerdem bilden sich beim Festwerden von überhitzter Kuvertüre graue Streifen auf der Oberfläche. Damit die Schokoladenglasur glatt und glänzend gelingt, sollte die Kuvertüre so temperiert werden, wie es anhand der Phasenfotos beschrieben ist. Während die temperierte Kuvertüre verarbeitet wird, stellt man sie am besten in ein handwarmes Wasserbad, damit sie nicht zu fest wird. Übriggebliebene Kuvertüre kann im Kühlschrank aufbewahrt und wieder verwendet werden. Überwiegend ist Bitter-, Halbbitter- und Vollmilchkuvertüre im Handel, seltener weiße Kuvertüre.

Ersatzweise kann man auch eine fertig gekaufte Schokoladen-Fettglasur anstelle von Kuvertüre verwenden. Allerdings nicht für Rezepte, die geriebene oder geraspelte Kuvertüre verlangen.

KUVERTÜRE TEMPERIEREN

1. Die Kuvertüre mit einem großen Messer zerkleinern, damit sie sich gleichmäßig im Wasserbad auflöst.

2. Die Hälfte der Kuvertüre in einer Schale im ca. 50 Grad heißen Wasserbad unter Rühren auflösen. Aus dem Wasserbad nehmen.

3. Die übrige Kuvertüre zugeben und so lange rühren, bis sie sich in der geschmolzenen Kuvertüre aufgelöst hat.

4. Die Kuvertüre kurz kühl stellen oder auf eine Marmor- oder Servierplatte laufen lassen. So lange mit einer Palette hin- und herstreichen, bis sie leicht bindet und cremig wird.

5. Die cremige Kuvertüre langsam in einem mäßig warmen Wasserbad auf maximal 32 Grad erwärmen. Dabei ständig die Temperatur kontrollieren.

6. Probe: Einen Löffel kurz in die Kuvertüre tauchen. Nach etwa 2 Minuten soll sie fest sein und glänzen.

WIE SIE FONDANT AM BESTEN ZUBEREITEN

Als Fondant bezeichnet man eine zartschmelzende Zuckermasse, Grundlage für verschiedene Konfektarten oder reine Zuckerglasur. Fondant kann man schmelzen, formen, färben und aromatisieren. Die Herstellung von Fondant bedarf größter Sorgfalt und ist, wie auf den Phasenfotos erkennbar, recht mühsam.

Zuerst muß ein Zuckersirup gekocht werden, dem Traubenzucker zugefügt wird. Dieser verhindert eine zu große Zuckerkristallbildung beim Abkühlen des Sirups.

Unentbehrlich beim Kochen des Sirups ist ein Thermometer, das Temperaturen über 100 Grad anzeigt. Denn wie weich oder hart Zuckersirup beim Abkühlen wird, hängt von der Kochtemperatur ab. Je höher die Temperatur, um so härter das Ergebnis.

Ein guter Fondant muß geschmeidig sein, deshalb darf der Zuckersirup nur bis zu einer Temperatur zwischen 112 und 116 Grad Celsius erhitzt werden.

Beim Abkühlen und Bearbeiten der Sirupmasse sollte man immer gleichmäßige Schleifen (Achten) ziehen, so daß sich sehr feine Kristalle bilden können.

Nach dem Kneten muß der Fondant im Kühlschrank ruhen. In dieser Zeit verändert sich die Kristallstruktur langsam, so daß eine elastische Zuckermasse entsteht. Soll die Masse längere Zeit aufbewahrt werden, füllt man sie in verschließbare Gläser. So bleibt der Fondant fast unbegrenzt haltbar. Geschmolzen wird Fondant im Wasserbad, indem man die Masse unter ständigem Rühren erwärmt. Falls der Fondant für eine Glasur zu dick ist, verdünnt man ihn mit etwas heißem Wasser, Fruchtsaft oder Likör. Wichtig ist auch hier die Temperaturkontrolle. Fondant, der über 66 Grad erhitzt wird, bröckelt beim Trocknen. Für alle, die diese aufwendige Zubereitungsart scheuen, der Hinweis: Es gibt Fondant auch in guter Qualität fertig zu kaufen. Ersatzweise kann man gesiebten Puderzucker mit Wasser, Saft oder Likör zu einer dicken Masse verrühren.

HERSTELLUNG VON FONDANT

1. 1 kg Zucker, 0,3 l Wasser und 4 EL Traubenzucker in einen Topf geben. Unter ständigem Rühren auflösen, und die Zuckerkristalle mit einem nassen Küchenpinsel vom Topfrand entfernen.

2. Ein Zuckerthermometer in den Topf stellen und den Sirup so lange stark kochen lassen, bis 113 Grad erreicht sind.

3. Den Topf vom Herd nehmen, und den Topfboden ganz kurz in eiskaltem Wasser abkühlen, um den Kochvorgang zu stoppen.

4. 1 EL Zuckersirup in eine Schale mit eiskaltem Wasser geben. Mit den Händen einen Zuckerball formen.

5. Nimmt man den Zuckerball aus dem Wasser, muß er sofort seine runde Form verlieren und weich werden. Der Fachmann nennt das den weichen Ballgrad.

6. Den heißen Zuckersirup auf ein mit Wasser besprühtes Backblech oder auf eine Marmorplatte gießen. Etwas abkühlen lassen.

7. Den Sirup am Rand mit einem nassen Metallspachtel anheben und nach innen umschlagen. Diesen Vorgang so oft wiederholen, bis der Zuckersirup zähflüssig wird.

8. Diese Masse nun so lange mit einem angefeuchteten Holzspatel bearbeiten, bis sie eine milchige Farbe bekommt. Dabei mit dem Spatel Achten ziehen.

9. Nach ca. 5 Minuten beginnt die Masse fest zu werden.

10. Nach etwa 8 – 10 Minuten bildet sich eine weiße, harte, bröckelige Fondantmasse. Diese Masse mit angefeuchteten Händen kräftig durchkneten.

11. Etwa 5 – 8 Minuten weiterkneten, bis der Fondant feucht, glänzend-glatt und klümpchenfrei geworden ist.

12. Den Fondant zu einer Kugel formen, auf einen mit Wasser benetzten Teller legen und mit einem feuchten Tuch abdecken. Etwa 8 – 12 Stunden kühl stellen.

WAS SIE ÜBER DAS WEIHNACHTSBACKEN WISSEN SOLLTEN

ANGELIKA

Kandierte, das heißt mit hochprozentiger Zuckerlösung konservierte, grüne Blattstiele der Engelwurz. Angelika verwendet man gewürfelt oder in Scheiben geschnitten als Gebäckdekoration.

BACK-AROMEN

Konzentrierte Zubereitungen aus Geruchs- und Geschmacksstoffen nennt man Aromen oder Aromastoffe. Neben Rum-Aroma werden auch Vanille- und Zitronen-Aroma sowie Backöle, z. B. Bittermandel, häufig zum Backen verwendet. Zum Aromatisieren von Gebäck und Pralinen. Sehr sparsam dosieren.

BACKBLECH

Es gehört zur Grundausstattung jedes Backofens. Jedes Backblech läßt sich mit extra starker Aluminiumfolie verkleinern: Der erforderlichen Größe entsprechend Ränder aus der Folie falten, am unteren Rand etwa 3 – 5 cm Folie ungefaltet überstehen lassen und im rechten Winkel abknicken. So auf das Backblech legen, daß der Überhang auf dem Blech liegt; am Rand umbördeln.

BUTTER

Unentbehrlich für die Weihnachtsbäckerei. Es gibt die milde Süßrahmbutter und die Sauerrahmbutter mit nußartigem Geschmack. Unterschieden werden drei Handels- und Qualitätsklassen: Markenbutter, Molkereibutter und Kochbutter.

FARINZUCKER

Auch brauner Zucker genannt. Farinzucker ist ein gelblichbrauner Zucker, der aus karamelisiertem Zuckersirup hergestellt wird. Durch seinen angenehm malzigen Geschmack eignet er sich ausgezeichnet für die Weihnachtsbäckerei.

HIRSCHHORNSALZ

Backtriebmittel, das aus den verschiedenen Salzen des Ammoniaks und der Kohlensäure hergestellt wird. Früher wurde es tatsächlich aus Hornabfällen gewonnen. Das weiße Salz zersetzt sich in kaltem Wasser nicht. Erst durch die Backhitze verwandelt es sich in verschiedene Gase und treibt dadurch das Gebäck auf. Hirschhornsalz ist nur zur Lockerung trockener, würziger Flachgebäcke geeignet, denn in größeren Gebäckstücken kann ein Ammoniakgeschmack zurückbleiben. In Apotheken erhältlich.

LÄUTERZUCKER

500 g Zucker, ½ l Wasser, eine halbe Vanillestange, ein Stück Sternanis und die Schale von je einer unbehandelten Orange und Zitrone in einen Topf geben, aufkochen und etwa 5 Minuten lang köcheln lassen, bis der Zucker sich völlig aufgelöst hat. Den Läuterzucker durch ein feines Sieb gießen, abkühlen lassen, in Flaschen füllen und verschließen. Fast unbegrenzt haltbar.

MASSANGABEN

In diesem Buch verwendete Abkürzungen:

l	=	Liter
EL	=	Eßlöffel
TL	=	Teelöffel
g	=	Gramm
Msp	=	Messerspitze
Prise	=	die Menge, die zwischen zwei Fingerspitzen zu fassen ist.

Richtwerte:
Die Umrechnungstabelle für Flüssigkeiten:

0,1 l	=	100 g
⅛ l	=	125 g
¼ l	=	250 g
½ l	=	500 g

Maß für einen normalen Eß- oder Teelöffel, gestrichen (!) voll:

Lebensmittel	EL	TL
Mehl	8 g	3 g
Zucker	15 g	5 g
Salz	10 g	5 g
Butter	15 g	5 g
Puderzucker	8 g	3 g

NOUGAT

Form- und schnittfeste Masse aus gerösteten und gemahlenen Mandeln oder Haselnüssen, die unter anderem mit Zucker, Eiweiß und Honig oder Sirup vermischt werden. Die Farbe des Nougats wird vom Röstgrad der Mandeln oder Haselnüsse bestimmt. Manchmal wird auch Kakaomasse zugesetzt.

ORANGEN-BLÜTENÖL

Auch Orangen-Aroma; Extrakt aus Orangenblüten. In Apotheken erhältlich.
Bei der Gebäck- oder Konfektzubereitung immer vorsichtig dosieren.

PINIENKERNE

Weiße, länglich-ovale Samenkerne der Pinienkiefer. Pinienkerne haben einen mandelähnlichen Geschmack und können deshalb durch Mandeln ersetzt werden.

PISTAZIENKERNE

Längliche, hell- bis dunkelgrüne Samenkerne des Pistazienbaumes. Geschälte und ungesalzene Pistazienkerne sind relativ teuer. Sie werden gern zum Verzieren von Gebäck und Pralinen verwendet.

POTTASCHE

Backtriebmittel, das durch seinen Kohlendioxidgehalt säurehaltige oder säurebildende Teige auflockert und diese beim Backen eher in die Breite, als in die Höhe treibt. Die weiße Pottasche wird wie Hirschhornsalz mit etwas Wasser vermischt, damit sie sich im Teig besser verteilt. Ideal für Lebkuchenteige. In Apotheken erhältlich.

STOLLENFORM

Spezielle Backform mit oder ohne Deckel für Weihnachtsstollen. Im Fachhandel erhältlich. Ohne Stollenform muß man den Stollenteig zu einem länglichen Laib formen, diesen in der Mitte längs eindrücken und zu einer Seite hin flachrollen. Die flachgerollte Seite dann über die dicke schlagen und andrücken.

TORTENSCHEIBE

Praktische runde, dünne Scheibe aus Metall oder Kunststoff. Zum Abheben von Kuchen oder Torten vom Blech sowie zum Transportieren empfindlicher Gebäcke und Garnituren. In Haushaltswarenabteilungen und -geschäften erhältlich.

TROCKENFRÜCHTE

Getrocknete Früchte wie Äpfel, Aprikosen, Feigen, Datteln oder Pflaumen sind süßer und gehaltvoller als frische. Deshalb eignen sie sich besonders gut für die Zubereitung von Gebäck und Desserts. Beim Einkauf möglichst die ungeschwefelten Früchte bevorzugen.

WAAGE

Gerade beim Backen ist es wichtig, daß alles aufs Gramm genau mit einer Waage abgewogen wird. Kein Konditor würde jemals auf den Gedanken kommen, die Zutaten für einen Teig aus dem Handgelenk abzumessen. Und ein Meßbecher allein nützt nicht viel; denn er eignet sich nur zum Abmessen von Flüssigkeiten. Als Raummaß für Mehl und Zucker ist er einfach zu ungenau. Gute Küchenwaagen sind nicht billig. Sie sollen sowohl kleine, als auch größere Mengen exakt wiegen, stabil sein und sich nicht von allein verstellen können. Ausgezeichnet bewährt haben sich die neuen Digitalwaagen mit Leuchtanzeige. Sie sind batteriebetrieben und wiegen selbst kleinste Mengen, z. B. 10 Gramm präzise ab.

ADVENTSNAPFKUCHEN

Für eine Gugelhupfform von 22 cm Durchmesser oder für 8 kleine Förmchen von 11 cm Durchmesser und 6 cm Höhe

Teig:
360 g Mehl
1 Würfel frische Hefe
0,1 l lauwarme Vollmilch
120 g Zucker
3 Eigelb
2 Eier
180 g weiche Butter
70 g gewürfeltes Orangeat
70 g gewürfeltes Zitronat
70 g Rosinen
abgeriebene Schale einer halben, unbehandelten Orange
abgeriebene Schale einer halben, unbehandelten Zitrone
eine Prise Salz
20 g flüssige Butter für die Förmchen
40 g Mandelblättchen zum Ausstreuen der Förmchen

Zum Bestreichen:
150 g Läuterzucker (siehe Seite 18)
6 EL Orangenlikör

Zum Bestreuen:
Puderzucker

1. 125 g Mehl, die zerbröckelte Hefe und die Milch zu einem Brei verrühren.
2. Abgedeckt an einem warmen Ort 30 Minuten gehen lassen.
3. Übriges Mehl, Zucker, Eigelb, Eier, Butter, Orangeat, Zitronat, Rosinen, Orangen- und Zitronenschale sowie Salz zu dem Hefebrei in die Schüssel geben und alles mit den Knethaken eines elektrischen Handrührgerätes zu einem glatten Teig verkneten.
4. Mit einem sauberen Tuch abgedeckt an einem warmen Ort etwa 45 Minuten gehen lassen.
5. Die Förmchen oder die Form mit Butter auspinseln und mit den Mandelblättchen ausstreuen.
6. Jede Form zu dreiviertel mit dem Teig füllen, nochmals ca. 10 – 20 Minuten gehen lassen.
7. Im vorgeheizten Backofen bei 180 Grad die kleinen Förmchen ca. 30 Minuten, die große Form ca. 60 Minuten backen.
8. Zum Bestreichen den Läuterzucker mit dem Orangenlikör mischen.
9. Den Adventsnapfkuchen zum Auskühlen auf ein Kuchengitter stürzen.
10. Danach gleichmäßig mit der Läuterzucker-Orangenlikör-Mischung bestreichen.
11. Zum Schluß mit Puderzucker bestäuben. In Klarsichtfolie verpacken; so ist der Gugelhupf ca. 14 Tage lagerfähig. Ein ideales Geschenk in der Vorweihnachtszeit.

ULLAS HASELNUSSTORTE

Für eine Springform mit 22 cm Durchmesser

200 g Butter
100 g Zucker
1 Ei
100 g gemahlene, geröstete Haselnüsse
1 Msp Zimt
200 g Mehl
etwas Butter für die Form
2 EL Semmelbrösel
200 g Pflaumenmus
1 Eigelb zum Bestreichen
120 g grob gehackte Haselnüsse zum Bestreuen
Puderzucker

1. Butter, Zucker, Ei, Haselnüsse, Zimt und Mehl zu einem glatten Teig verarbeiten.
2. Die Springform buttern.
3. Zwei Drittel des Teiges in einen Spritzbeutel mit großer Lochtülle geben und den Boden der Springform gleichmäßig ausspritzen.
4. Den Rand etwas höher spritzen.
5. Den Teig gleichmäßig mit den Semmelbröseln bestreuen und das Pflaumenmus daraufstreichen.
6. Das restliche Drittel des Teiges in einen Spritzbeutel mit kleiner Lochtülle geben und wie ein Gitter auf das Pflaumenmus spritzen.
7. Das Eigelb verquirlen und das Teiggitter damit bestreichen.
8. Mit den Haselnüssen bestreuen und im vorgeheizten Backofen bei 180 Grad ca. 35 Minuten backen.
9. Die Haselnußtorte aus dem Ofen nehmen, den Springformrand vorsichtig lösen und entfernen.
10. Die Torte auf dem Springformboden auskühlen lassen und mit Puderzucker bestäuben.
11. Die Haselnußtorte mit einer Tortenscheibe vorsichtig vom Springformboden lösen und auf eine Tortenplatte legen.
12. Abgedeckt aufbewahren und möglichst erst nach einer Woche anschneiden, damit sich die Haselnußtorte geschmacklich voll entwickeln kann.

WEIHNACHTSSTOLLEN

Für eine Stollenform

Teig:

450 g Mehl

110 g lauwarme Vollmilch

35 g Zucker

1 Würfel frische Hefe

90 g Rosinen

70 g Korinthen

135 g geschmolzene Butter

5 Eigelb

70 g abgezogene, grob gehackte Mandeln

50 g fein gewürfeltes Zitronat

50 g fein gewürfeltes Orangeat

1 EL Rum

1 TL Vanillezucker

abgeriebene Schale einer unbehandelten Zitrone

1 TL Salz

etwas Butter und Mehl für die Stollenform

100 g geschmolzene Butter zum Bestreichen

Zum Bestreuen:

100 g Puderzucker

1 TL gemahlener Piment

1. Das Mehl in eine große Schüssel sieben.
2. Die Milch mit dem Zucker, der zerbröckelten Hefe sowie 5 EL des gesiebten Mehls mischen.
3. Den Hefebrei mit einem Tuch abgedeckt ca. 20 Minuten an einem warmen Ort gehen lassen.
4. Die Rosinen und Korinthen waschen, abtropfen lassen und mit Küchenpapier trockentupfen.
5. Das gesiebte Mehl, die lauwarme Butter, das Eigelb und den Hefebrei mit den Knethaken eines elektrischen Handrührgerätes zu einem glatten Teig verkneten.

6. Rosinen, Korinthen, Mandeln, Zitronat, Orangeat, Rum, Vanillezucker, Zitronenschale und das Salz zum Teig geben und alles gut verkneten.
7. Mit einem Tuch abgedeckt an einem warmen Ort so lange gehen lassen, bis sich der Teig verdoppelt hat.
8. Eine Stollenform buttern und mit Mehl ausstreuen. Überschüssiges Mehl durch Stürzen der Form entfernen.
9. Den aufgegangenen Teig erneut durchkneten, in die Stollenform legen und abgedeckt 30 Minuten gehen lassen, bis der Teig die Form zu dreiviertel ausfüllt.
10. Die Form mit dem Teig so auf ein mit Backpapier ausgelegtes Backblech setzen, daß die Form nach oben zeigt.
11. Im vorgeheizten Backofen bei 170 Grad zunächst 45 Minuten backen.
11. Die Form abheben und den Stollen ohne Form 20 – 30 Minuten weiterbacken.
12. Den fertig gebackenen Stollen aus dem Ofen nehmen und sofort mit der flüssigen Butter einpinseln. Sobald sie vom Stollen aufgesogen worden ist, erneut bestreichen, bis sämtliche Butter verbraucht ist.
13. Den gesiebten Puderzucker mit dem Piment mischen.
14. Den Stollen dick damit bestäuben und auskühlen lassen.
15. In Klarsichtfolie einschlagen, zwei bis vier Wochen ruhen lassen.

KÜRBISKERN-KUCHEN

Für eine 20 cm lange Kastenform

Teig:
5 Eigelb
3 EL flüssiger Honig
3 EL Rum
½ Päckchen Backpulver
Salz
5 Eiweiß
60 g Zucker
140 g gemahlene Kürbis-kerne
70 g geriebene Bitter-kuvertüre
50 g Mehl
30 g flüssige Butter
etwas Butter und Mehl für die Form

Füllung:
150 g Preiselbeer- oder Heidelbeerkonfitüre mit ganzen Früchten

Zum Bestäuben:
Puderzucker

1. Eigelb, Honig, Rum, Backpulver und eine Pri-se Salz mischen und mit den Schneebesen eines elektrischen Handrührge-rätes so lange schaumig rühren, bis eine cremige Masse entstanden ist.
2. Das Eiweiß mit den ge-säuberten Schneebesen steif schlagen, dabei den Zucker langsam einrie-seln lassen.
3. Den Eischnee vorsich-tig unter die Eigelbmasse mischen.

4. Gemahlene Kürbis-kerne, geriebene Kuver-türe und Mehl vorsichtig unterheben.
5. Zum Schluß die lau-warme Butter in den Teig laufen lassen und alles vorsichtig glattrühren.
6. Die Kastenform buttern und mit Mehl ausstreuen; überschüssiges Mehl durch Stürzen der Form entfernen.
7. Den Teig hineingeben und im vorgeheizten Backofen bei 180 Grad ca. 35 – 45 Minuten backen.
8. Den Kürbiskernkuchen in der Form auskühlen lassen, dann stürzen.
9. Den Kuchen zweimal waagerecht durchschnei-den, so daß drei gleich große rechteckige Platten entstehen.
10. Die untere Kuchen-platte mit der Hälfte der Konfitüre bestreichen, die mittlere Platte daraufset-zen, die übrige Konfitüre darauf verteilen und die obere Kuchenplatte obenauf setzen.
11. Den fertigen Kürbis-kernkuchen dick mit Puderzucker bestäuben; abgedeckt aufbewahren.

BERNHARDS ZILLERTALER ZELTEN

Der Zillertaler Zelten ist ein saftiges Früchtebrot

Füllung:

125 g Korinthen

125 g Rosinen

500 g fein gewürfelte getrocknete Feigen

160 g fein gewürfelte getrocknete Datteln

¼ l Obstler oder Rum

Teig:

450 g Mehl

0,1 l lauwarme Vollmilch

50 g Hefe

120 g weiche Butter

2 Eier

½ TL gemahlener Sternanis

½ TL Zimt

½ TL gemahlener Piment

abgeriebene Schale einer unbehandelten Orange

½ TL Salz

1 Eigelb zum Bestreichen etwas Wasser

Zum Verzieren:

40 abgezogene Mandeln Puderzucker

1. Die Zutaten für die Füllung bereits am Vortag miteinander vermischen und abgedeckt über Nacht im Kühlschrank durchziehen lassen.

2. Für den Teig das Mehl in eine Schüssel sieben und eine Vertiefung in die Mitte drücken.

3. Die Milch und die zerbröckelte Hefe in die Mulde geben, etwas verrühren und abgedeckt an einem warmen Ort 30 Minuten gehen lassen.

4. Butter, Eier, Sternanis, Zimt, Piment, Orangenschale und Salz dazugeben und alles mit den Knethaken eines elektrischen Handrührgerätes zu einem glatten Teig verkneten.

5. Mit einem Tuch abgedeckt an einem warmen Ort ca. 1 Stunde lang gehen lassen.

6. Ein Drittel des Teiges abnehmen und für die Hülle beiseite legen.

7. Den übrigen Teig mit den eingelegten Früchten verkneten und abgedeckt nochmals 30 Minuten gehen lassen.

8. Das beiseite gelegte Teigdrittel auf einer mit Mehl bestäubten Arbeitsfläche zu einem 35 x 40 cm großen Rechteck ausrollen.

9. Das Eigelb mit etwas Wasser verquirlen und den Teig damit bestreichen.

10. Aus dem Früchteteig eine Rolle formen, diese auf den ausgerollten Teig legen und darin einhüllen.

11. Auf ein mit Backpapier ausgelegtes Backblech legen.

12. Mehrmals mit einer Gabel einstechen und die übrige Eigelb-Wasser-Mischung daraufstreichen.

13. Die Mandeln darauflegen und andrücken.

14. Den Teig nochmals 30 Minuten gehen lassen, dann im vorgeheizten Backofen bei 200 Grad ca. 1 Stunde backen.

15. Aus dem Ofen nehmen, dick mit Puderzucker bestäuben und bei 250 Grad im Backofen so lange nachbacken, bis der Puderzucker karamelisiert ist.

16. Während dieser Zeit das Früchtebrot ständig beobachten, denn wenn der Zucker zu bräunen beginnt, ist er schnell karamelisiert.

17. Das Früchtebrot auf einem Kuchengitter auskühlen lassen; in Aluminiumfolie verpacken und vor dem Anschneiden mindestens eine Woche ruhen lassen.

MOHN-MAKRONEN-KUCHEN

Für eine 25 cm lange Kastenform

Mohnteig:
200 g Butter
175 g Zucker
1 EL Vanillezucker
2 Eier
2 Eigelb
eine Prise Salz
1 TL Backpulver
150 g Mehl
100 g fein gemahlener Mohn

Makronenteig:
2 Eiweiß
100 g Zucker
1½ TL gemahlener Sternanis
3 Tropfen Orangen-blütenöl
175 g gemahlene Mandeln

1. Für den Mohnteig But-ter, Zucker und Vanille-zucker so lange mit den Schneebesen eines elek-trischen Handrührgerätes schaumig schlagen, bis der Zucker völlig aufge-löst ist.
2. Unter ständigem Rüh-ren die Eier, das Eigelb und eine Prise Salz nach-einander zugeben.
3. Backpulver, Mehl und Mohn mit einem Rühr-löffel unterrühren.

4. Die Kastenform mit Backpapier auslegen oder buttern und mit Mehl ausstreuen.
5. Den Mohnteig hinein-geben und kühl stellen.
6. Für den Makronenteig das Eiweiß mit den ge-säuberten Schneebesen steif schlagen.
7. Den Zucker dabei langsam einrieseln las-sen und so lange weiter-schlagen, bis eine cremi-ge Masse entsteht.
8. Sternanis, Orangenblü-tenöl und schließlich die Mandeln unterheben.
9. Die Kastenform aus dem Kühlschrank neh-men. Mit einem Löffel der Länge nach eine 4 cm breite und 4 cm tiefe Mulde in den Mohnteig drücken.
10. Den Makronenteig hineingeben und glatt-streichen.
11. Im vorgeheizten Back-ofen bei 170 Grad ca. 1¼ Stunden backen.
12. Den Kuchen in der Form 10 – 15 Minuten ruhen lassen, dann stür-zen und das Backpapier abziehen.
13. Abgedeckt aufbewah-ren. Dieser Kuchen ist sehr saftig und daher gut lagerfähig.

WEIHNACHTSTORTE

Für eine Springform mit
26 cm Durchmesser

Teig:
*140 g gemahlene
Mandeln*
7 Eigelb
140 g Zucker
7 Eiweiß
*80 g fein geriebene
Bitterkuvertüre*

Marzipancreme:
100 g Puderzucker
250 g weiche Butter
200 g Marzipanrohmasse
4 Eigelb
6 EL Mandellikör

Zum Belegen und
Verzieren:
200 g Marzipanrohmasse
200 g Puderzucker

Zum Tränken:
*100 g Läuterzucker
(siehe Seite 18)*
4 EL Mandellikör

Glasur:
500 – 600 g Kuvertüre

Zum Bestreuen:
*3 EL Kakaopulver
Puderzucker*

1. Die Mandeln in einer
heißen Pfanne goldbraun
rösten; beiseite stellen.
2. Eigelb und 90 g des
Zuckers mit den Schnee-
besen eines elektrischen
Handrührgerätes in
einem Wasserbad warm
aufschlagen.
3. Herausnehmen und
unter ständigem Schla-
gen abkühlen lassen.

4. Das Eiweiß mit den ge-
säuberten Schneebesen
steif schlagen, dabei den
übrigen Zucker einrieseln
lassen.
5. Abwechselnd die gerösteten Mandeln, die
geriebene Kuvertüre und
den Eischnee unter die
Eigelbmasse heben.
6. Den Boden der
Springform mit Back-
papier auslegen und den
Teig hineingeben.
7. Im vorgeheizten Backofen bei 180 Grad
ca. 40 Minuten backen.
8. Für die Marzipancreme
den gesiebten Puder-
zucker mit der Butter
schaumig schlagen bis
eine cremige Masse
entsteht.
9. Das zerbröckelte Marzipan mit dem Eigelb
und dem Mandellikör
glattrühren.
10. Diese Masse durch
ein feines Sieb zu der
Butter-Puderzucker-
Creme streichen, beides
miteinander mischen
und beiseite stellen.
11. Die Marzipanroh-
masse zum Belegen und
Verzieren mit dem ge-
siebten Puderzucker
glattkneten. In Klarsichtfolie einschlagen und
beiseite stellen.
12. Den Läuterzucker mit
dem Mandellikör zum
Tränken der Torte verrüh-
ren. Beiseite stellen.
13. Den Tortenboden aus
dem Ofen nehmen und
in der Form auskühlen
lassen.
14. Den Springformrand
vorsichtig entfernen und
den Tortenboden stürzen.

15. Den Springform-
boden abnehmen und
das Backpapier vorsich-
tig abziehen.
16. Den Tortenboden
zweimal waagerecht
durchschneiden, so
daß drei gleich dicke
Gebäckscheiben ent-
stehen.
17. Den Marzipanteig aus
der Folie wickeln, halbieren und nacheinander
auf einer dick mit Puder-
zucker bestäubten
Arbeitsfläche 2 mm dünn
ausrollen.
18. Mit dem leeren
Springformrand zwei
Marzipankreise aus-
stechen.
19. Den übrigen Marzipanteig wieder zusam-
menkneten und in Folie
einwickeln.
20. Den untersten Tortenboden 2 mm dick mit der
Marzipancreme bestrei-
chen und einen Marzi-
pankreis darauflegen.
21. Darauf wieder eine
2 mm dicke Marzipan-
cremeschicht streichen
und mit dem zweiten Tor-
tenboden belegen.
22. Mit der Hälfte der
Läuterzucker-Mandel-
likör-Mischung tränken.
23. Wieder eine 2 mm
dicke Cremeschicht dar-
aufstreichen, mit dem
zweiten Marzipankreis
belegen und darauf
ebenfalls 2 mm Creme
streichen.
24. Den letzten Tortenboden obenauf legen.
25. Mit der übrigen Flüs-
sigkeit tränken und die
ganze Torte, einschließ-
lich des Tortenrandes mit
der übrigen Creme be-
streichen.
26. Die Torte ca. 2 Stunden gut durchkühlen
lassen.

27. Für die Glasur die
Kuvertüre schmelzen
und temperieren.
28. Die Torte mit etwa
zwei Drittel der Kuvertüre
überziehen.
29. Den glasierten Tor-
tenrand mit einem Säge-
messer wellenförmig ver-
zieren und vorsichtig mit
Kakaopulver bestäuben.
30. Die übrige Kuvertüre
dünn auf zwei glatte,
rechteckige Platten streichen und bei Zimmer-
temperatur fast fest, aber
nicht hart werden lassen.
31. Dann die Kuvertüre
mit einem Metallspachtel
in 5 cm breiten Bahnen
schnell und ruckartig von
den Platten schieben.
32. Die zusammengeroll-
te Kuvertüre vorsichtig
wie eine Blume auf der
Torte anrichten (siehe
Foto).
33. Den übrigen Marzipanteig aus der Folie
nehmen, auf einer mit
Puderzucker bestäubten
Arbeitsfläche dünn aus-
rollen und kleine Weih-
nachtsmotive aus-
stechen.
34. Nach Belieben auf
ein Backblech legen und
unter einem vorgeheizten
Grill leicht anbräunen
lassen.
35. Die Torte damit verzieren und dünn mit
Puderzucker bestäuben.
Kühl aufbewahren.

BÄRENTATZEN

Für ca. 45 Bärentatzen

Teig:
250 g Butter
125 g Puderzucker
1 TL Vanillezucker
1 Ei
125 g gemahlene,
geröstete Mandeln
1 TL gemahlener Ingwer
1 TL gemahlener Piment
abgeriebene Schale einer
unbehandelten Orange
250 g Mehl

Füllung:
150 g Hagebutten-
konfitüre

Glasur:
130 g Kuvertüre

1. Butter, Puder- und Vanillezucker mit den Schneebesen eines elektrischen Handrührgerätes glattrühren.
2. Das Ei dazugeben, die Mandeln, den Ingwer, den Piment, die Orangenschale und das Mehl unterrühren.
3. Den Teig in einen Spritzbeutel mit Sterntülle geben und Bärentatzenhälften auf ein mit Backpapier ausgelegtes Backblech spritzen. Dabei genügend Platz zwischen den einzelnen Hälften lassen, weil der Teig beim Backen etwas auseinanderläuft.

28

4. Etwa eine Stunde kühl stellen.

5. Im vorgeheizten Backofen bei 200 Grad ca. 15 Minuten backen.

6. Die Bärentatzenhälften auskühlen lassen.

7. Die Hälfte davon auf der flachen Rückseite mit der Konfitüre bestreichen und die übrigen Bärentatzenhälften daraufsetzen.

8. Für die Glasur die Kuvertüre schmelzen, temperieren und die Bärentatzen mit der Spitze hineintauchen.

9. Abtropfen lassen und zum Trocknen auf Pergamentpapier legen.

10. Die Bärentatzen in eine Gebäckdose schichten. Jede Schicht mit Pergamentpapier abdecken.

SCHOKOLADEN-KATZENZUNGEN

Für ca. 25 Stück
(Foto unten, rechts)

Teig:
125 g gemahlene Haselnüsse
120 g Zucker
3 Eiweiß
1 EL Vanillezucker
20 g fein geriebene Bitterkuvertüre
½ EL Kakaopulver

Glasur:
100 g weiße Schokolade
10 g Kokosfett
50 g Bitterkuvertüre

1. Die Haselnüsse und 40 g Zucker in eine Pfanne geben und unter Rühren hellbraun rösten. Beiseite stellen.

2. Das Eiweiß mit den Schneebesen eines elektrischen Handrührgerätes steif schlagen.

3. Den übrigen Zucker und den Vanillezucker dabei einrieseln lassen; so lange weiterschlagen, bis eine cremeartige Masse entstanden ist.

4. Kuvertüre, Kakao und abgekühlte Haselnüsse unterheben.

5. Ein Backblech mit Backpapier auslegen und den Teig in einen Spritzbeutel mit mittlerer Lochtülle geben.

6. Etwa 6 cm lange Teigstreifen auf das Backblech spritzen.

7. Im vorgeheizten Backofen bei 170 Grad ca. 15 Minuten backen.

8. Die Katzenzungen auskühlen lassen.

9. Für die Glasur die weiße Schokolade und das Kokosfett schmelzen, glattrühren und die Katzenzungen bis zur Hälfte hineintauchen.

10. Zum Trocknen auf Pergamentpapier legen.

11. Die Kuvertüre schmelzen und temperieren.

12. Die überzogenen Seiten der Katzenzungen mit der Spitze in die dunkle Kuvertüre tauchen.

13. Trocknen lassen und die Katzenzungen in eine Gebäckdose schichten. Jede Schicht mit Pergamentpapier abdecken.

NOUGATRINGE

Für ca. 40 Stück

Teig:
100 g Mehl
40 g Puderzucker
2 TL Vanillezucker
abgeriebene Schale einer
unbehandelten Orange
eine Prise Salz
2 Eigelb
60 g Butter
etwas Mehl zum Aus-
rollen

Nougatcreme:
120 g abgezogene, grob
gehackte Haselnüsse
160 g weiche Butter
360 g weicher, dunkler
Mandelnougat
abgeriebene Schale einer
unbehandelten Orange

Glasur:
ca. 500 g Vollmilch-
kuvertüre

Zum Verzieren:
40 g weiße Schokolade
1 – 2 Tropfen Wasser

1. Mehl, gesiebten Puderzucker, Vanillezucker,
Orangenschale und eine
Prise Salz in eine Schüs-
sel geben.
2. Eine Vertiefung in die
Mitte drücken und das
Eigelb hineingeben.
3. Die Butter in Flöckchen auf den Rand set-
zen und alles mit den
Knethaken eines elek-
trischen Handrührgerätes
zu einem glatten Teig
verkneten.
4. Für 2 Stunden in den
Kühlschrank stellen.

5. Den gekühlten Teig
auf einer mit Mehl
bestäubten Arbeitsfläche
2 mm dünn ausrollen;
Kreise von 5 cm Durch-
messer ausstechen.
6. Aus der Kreismitte
einen kleinen Kreis von
2,5 cm Durchmesser
ausstechen, so daß
Ringe entstehen.
7. Die Teigreste immer
wieder zusammenkne-
ten, ausrollen und Kreise
ausstechen, bis der Teig
verbraucht ist.
8. Ein Backblech mit
Backpapier auslegen
und die Teigringe vor-
sichtig daraufsetzen.
9. Im vorgeheizten Backofen bei 200 Grad
ca. 10 Minuten backen.

10. Die Gebäckringe aus- kühlen lassen.

11. Für die Nougatcreme die Haselnüsse in einer heißen Pfanne hellbraun anrösten, beiseite stellen.

12. Butter, Mandelnougat und Orangenschale mit den Schneebesen eines elektrischen Handrühr- gerätes schaumig schla- gen, bis eine spritzfähige Masse entstanden ist.

13. In einen Spritzbeutel mit kleiner Lochtülle geben und eine Nougat- bordüre auf die Gebäck- ringe spritzen.

14. Die abgekühlten Haselnüsse darüber- streuen, leicht andrücken und alles kühl stellen.

15. Für die Glasur die Kuvertüre schmelzen, temperieren und die Nougatringe damit gleichmäßig überziehen. Oder die Ringe mit Hilfe einer Pralinengabel hin- eintauchen.

16. Gut abtropfen lassen und zum Trocknen auf Pergamentpapier legen.

17. Die weiße Schoko- lade im warmen Wasser- bad schmelzen, mit Was- ser glattrühren und in ein kleines Pergamentpapier- tütchen füllen.

18. Eine winzige Spitze davon abschneiden und die Nougatringe mit fei- nen weißen Schoko- ladenlinien verzieren.

19. Abgedeckt im Kühl- schrank aufbewahren.

KOLUMBIANER

Für ca. 25 Förmchen von 50 mm Durchmesser und 15 mm Höhe
(Foto unten, links)

Teig:
90 g Butter
40 g Puderzucker
1 TL Vanillezucker
2 Eigelb
20 g Kakaopulver
1 EL Rum
1 EL Instant-Espresso- pulver
2 Eiweiß
40 g Zucker
50 g Mehl
20 g flüssige Butter für die Förmchen
eine Prise Salz

Glasur:
150 g Fondant
ca. 1 EL starker Espresso (für beides ersatzweise 150 g Puderzucker mit ca. 2 EL starkem Espresso verrühren)

Zum Verzieren:
25 Schokoladen- Mokkabohnen
20 g Bitterschokolade

1. Butter, Puder- und Vanillezucker sowie eine Prise Salz mit den Schneebesen eines elek- trischen Handrührgerätes schaumig schlagen.

2. Das Eigelb unterschla- gen, Kakaopulver, Rum und Espressopulver untermischen.

3. Das Eiweiß mit den gesäuberten Schnee- besen steif schlagen, den Zucker dabei ein- rieseln lassen.

4. Den Eischnee und das Mehl vorsichtig unter den Teig heben.

5. Die Förmchen mit der flüssigen Butter aus- streichen.

6. Den Teig in einen Spritzbeutel mit mittlerer Lochtülle füllen und die Förmchen zu zwei Drittel damit ausspritzen.

7. Im vorgeheizten Back- ofen bei 200 Grad ca. 12 – 15 Minuten backen.

8. Den Fondant für die Glasur im Wasserbad lauwarm werden lassen und mit dem Espresso glattrühren.

9. Die Kolumbianer aus- kühlen lassen und aus den Förmchen nehmen.

10. Die obere Seite der Kolumbianer in die Gla- sur tauchen.

11. Die Schokoladen- Mokkabohnen in die Mitte auf die noch weiche Glasur setzen und trock- nen lassen.

12. Zum Verzieren die Bitterschokolade zerklei- nern und im warmen Wasserbad schmelzen lassen.

13. Mit 1 – 2 Tropfen Was- ser glattrühren.

14. In ein kleines Perga- mentpapiertütchen füllen.

15. Ein winziges Loch in die Tütenspitze schnei- den und feine Schoko- ladenlinien auf die Kolumbianer spritzen.

16. Sobald Glasur und Verzierung trocken sind, werden die Kolumbianer mit Folie abgedeckt, da- mit sie nicht austrocknen.

HIPPENRÖLLCHEN
MIT SANDDORNCREME

Für ca. 50 Stück

Teig:
30 g Marzipanrohmasse
2 EL süße Sahne
90 g Puderzucker
2 kleine Eier
70 g Mehl
eine Prise Zimt
etwas Butter und Mehl
für das Backblech

Sanddorncreme:
2 Eier
40 g Zucker
40 g Honig

abgeriebene Schale einer
halben unbehandelten
Orange
abgeriebene Schale einer
halben unbehandelten
Zitrone
140 g Butter
1 EL Puderzucker
2 EL ungesüßter Sand-
dornsirup

Glasur:
100 g Vollmilchkuvertüre

1. Das Marzipan zerbrök-
keln und mit der Sahne
glattrühren.

2. Nacheinander den gesiebten Puderzucker, die
Eier, das Mehl und eine
Prise Zimt unterrühren
und den Teig durch ein
feines Sieb streichen.
3. Ein Backblech buttern
und mit Mehl bestäuben.
Überschüssiges Mehl
durch Stürzen des Ble-
ches entfernen.
4. Etwas Teig mit einem
Löffel auf das Backblech
geben und mit dem Löf-
felboden zu sehr dünnen
Kreisen von 5 cm Durch-
messer verstreichen.

5. Im vorgeheizten Backofen bei 200 Grad in 5 – 7 Minuten hellbraun backen.

6. Das Gebäck mit einer Palette vorsichtig vom Backblech lösen und noch warm mit Hilfe eines Kochlöffelstieles kleine Röllchen daraus formen.

7. Auskühlen und fest werden lassen.

8. Für die Sanddorncreme Eier, Zucker, Honig, Orangen- und Zitronenschale im Wasserbad warm aufschlagen.

9. Herausnehmen und unter ständigem Schlagen abkühlen lassen.

10. Butter und Puderzucker in einer anderen Schüssel schaumig schlagen, mit der Eischaummasse vermischen und glattrühren.

11. Mit Sanddornsirup abschmecken und die Creme in einen Spritzbeutel mit kleiner Lochtülle geben.

12. In die Hippenröllchen spritzen.

13. Für die Glasur die Kuvertüre schmelzen, temperieren und die Enden der Hippenröllchen hineintauchen.

14. Abtropfen lassen und zum Trocknen auf Backpapier legen.

15. Mit Hilfe einer Gabel dünne Fäden von der übrigen Kuvertüre über die Röllchen schütteln.

VERLORENE KIRSCHEN

Für ca. 30 kleine Papierförmchen von 2,5 cm Bodendurchmesser (Foto unten, links)

Teig:

| 140 g Marzipanrohmasse |
| 1 Ei |
| 1 Eigelb |
| 90 g Butter |
| 40 g Zucker |
| 1 TL Vanillezucker |
| 20 g Honig |
| 1 EL Zitronensaft |
| 1 EL Kirschwasser |
| 20 g Mehl |
| eine Prise Salz |

Füllung:

| 30 kleine, eingelegte Kirschen |

Kirschglasur:

| 150 g Puderzucker |
| 3 EL Kirschsaft |
| 1 EL Kirschwasser |

1. Die Marzipanrohmasse mit den Knethaken eines elektrischen Handrührgerätes gut durchkneten.

2. Das Ei und das Eigelb nach und nach unterkneten, damit sich keine Klümpchen bilden. Die Masse beiseite stellen.

3. Butter, Zucker und Vanillezucker miteinander verrühren, nicht schaumig schlagen.

4. Die Marzipan-Eier-Masse, den Honig, den Zitronensaft, das Kirschwasser, das Mehl und eine Prise Salz nacheinander unter die Butter-Zucker-Masse rühren.

5. Den Teig in einen Spritzbeutel mit mittlerer Lochtülle geben.

6. Die Kirschen in einem Sieb abtropfen lassen und den Saft für die Glasur auffangen.

7. Etwas Teig in jedes Förmchen spritzen, je eine Kirsche darauflegen und etwas Teig darüberspritzen.

8. Die gefüllten Förmchen auf ein Backblech setzen und im vorgeheizten Backofen bei 200 Grad ca. 15 – 18 Minuten backen.

9. Für die Glasur den gesiebten Puderzucker mit Kirschsaft und -wasser glattrühren.

10. Das Gebäck mit den versunkenen Kirschen auskühlen lassen.

11. Die überstehende Gebäckoberfläche in die Kirschglasur tauchen und trocknen lassen.

12. In einer Gebäckdose oder mit Folie abgedeckt aufbewahren.

INGWERHÄPPCHEN

Für ca. 45 Stück, in
5 x 2,5 cm großen, 1 cm
tiefen Förmchen oder in
kleinen Stanniolkapseln
gebacken

Teig:
100 g flüssige Butter
120 g Zucker
4 Eiweiß
60 g Mehl
70 g gemahlene,
geröstete Mandeln
5 g fein gehackte,
eingelegte Ingwerknolle
1 TL Ingwerpulver
abgeriebene Schale einer
unbehandelten Orange
20 g flüssige Butter für
die Förmchen

Glasur:
100 g Bitterkuvertüre

Zum Verzieren:
45 Pinienkerne oder
Mandelviertel

1. Lauwarme Butter,
Zucker, Eiweiß, Mehl,
Mandeln, Ingwer und
Orangenschale mitein-
ander zu einem glatten
Teig verrühren.
2. Die Förmchen mit Butter auspinseln.
3. Den Teig in einen
Spritzbeutel mit kleiner
Lochtülle geben und die
Förmchen zu dreiviertel
damit füllen.
4. Im vorgeheizten Backofen bei 220 Grad ca.
12 – 15 Minuten backen.

5. Auskühlen lassen.
6. Vorsichtig aus den Förmchen nehmen.
7. Für die Glasur die Kuvertüre schmelzen, temperieren und die obere Seite der Ingwerhäppchen hineintauchen.
8. Kurz bevor die Kuvertüre trocken ist, die Ingwerhäppchen mit Pinienkernen verzieren.
9. Das Gebäck möglichst nebeneinander in einer Dose aufbewahren.

MANDEL-HÄUFCHEN

Für ca. 30 Stück
(Foto unten, links)

200 g Mandelstifte
2 EL Läuterzucker
(siehe Seite 18)
90 g Vollmilchkuvertüre

1. Die Mandelstifte gut mit dem Läuterzucker mischen.
2. Auf einem Backblech oder in einer Pfanne mit hitzebeständigen Griffen verteilen.

3. Im vorgeheizten Backofen bei 200 Grad in ca. 10 Minuten goldbraun anrösten. Die Mandeln während dieser Zeit gelegentlich umrühren und ständig beobachten, damit sie nicht zu stark bräunen.
4. Herausnehmen und auskühlen lassen. Ab und zu umrühren, damit sie nicht aneinander kleben.
5. Die Kuvertüre schmelzen, temperieren und die Mandelstifte dazugeben.
6. Beides gut miteinander vermengen, so daß alle Mandelstifte vollständig mit Kuvertüre überzogen sind.
7. Mit Hilfe von zwei Eßlöffeln kleine Häufchen von der Mandelsplittermasse abnehmen und zum Trocknen auf Backpapier setzen. Dabei sehr zügig arbeiten, weil die Kuvertüre verhältnismäßig schnell fest wird.
8. Die fest gewordenen Mandelhäufchen in eine Gebäckdose schichten; jede Schicht mit Pergamentpapier abdecken.

VANILLE-KIPFERLN

Für ca. 65 Stück

Teig:
*50 g fein gemahlene
Mandeln*
190 g Butter
75 g Puderzucker
2 Eigelb
Mark einer Vanillestange
*abgeriebene Schale einer
unbehandelten Zitrone*
*60 g fein gemahlene
Haselnüsse*
270 g Mehl
eine Prise Salz

Zum Wälzen:
150 g Puderzucker
*3 Päckchen Vanille-
zucker*
Mark einer Vanillestange

1. Die Mandeln in einer heißen Pfanne bräunen; beiseite stellen und abkühlen lassen.
2. Die Butter in kleine Stücke schneiden.
3. Alle Zutaten für den Teig in eine Schüssel geben und mit den Knethaken eines elektrischen Handrührgerätes zu einem glatten Teig verkneten.
4. Den Teig in Klarsichtfolie wickeln und für 2 Stunden kühl stellen.
5. Ein Backblech mit Backpapier auslegen.

6. Aus dem Teig ca. 65 kleine Stränge formen und wie kleine Hörnche (Kipferln) zurechtbiegen
7. Auf das Backblech setzen und im vorgeheten Backofen bei 200 Grad ca. 12 – 15 Minute backen.
8. Den Puderzucker sie ben, mit Vanillezucker und -mark vermengen.
9. Die Kipferln leicht ab kühlen lassen.
10. Kurz bevor sie gan abgekühlt sind, vorsich in dem Vanille-Puderzucker wälzen.
11. Die fertigen Vanillek ferln in einer Gebäckdose aufbewahren. Na einer Woche schmecke sie am besten.

ANISBÖGERL

Für ca. 40 Stück von
7 cm Durchmesser

Teig:
2 Eier
80 g Zucker
1 TL Anispulver
40 g Mehl
etwas Butter und Mehl
für das Backblech
1 EL Anissamen zum
Bestreuen

1. Eier, Zucker und Anis im heißen Wasserbad mit den Schneebesen eines elektrischen Handrührgerätes schaumig schlagen, bis die Masse lauwarm ist.
2. Aus dem Wasserbad nehmen und unter ständigem Rühren abkühlen lassen.
3. Das Mehl vorsichtig unterheben.
4. Ein Backblech buttern und mit Mehl bestreuen. Das überschüssige Mehl durch Stürzen des Bleches entfernen.
5. Mit einem Eßlöffel etwas Teig abnehmen und auf das Blech geben. Den Teig mit dem Löffelboden zu Kreisen von 7 cm Durchmesser verstreichen.

6. Die Teigkreise mit Anissamen bestreuen und im vorgeheizten Backofen bei 220 Grad in ca. 8 – 10 Minuten hellbraun backen.
7. Die sehr weichen Gebäckscheiben vorsichtig mit einer Palette vom Backblech lösen.
8. Sofort über einen Kochlöffelstiel, über eine liegende leere Flasche oder über ein Nudelholz (Wellholz) hängen und auskühlen lassen; so erhalten sie die typische "Bögerl"-Form.
9. Gut verschlossen in einer Gebäckdose aufbewahren. Bald verzehren, sonst werden die Anisbögerl wieder weich.

WILHELMINE KLÖCKNERS ZIMTKARTEN

Für ca. 90 Stück, in einem Oblaten-Waffeleisen gebacken

Teig:

125 g Butter

280 g Puderzucker

3 Eier

45 g Kakaopulver

½ TL gemahlene Gewürznelken

20 g Zimt

3 EL Rum

340 g Mehl

Zum Bestreuen:

Puderzucker

1. Butter und Puderzucker mit den Schneebesen eines elektrischen Handrührgerätes schaumig rühren.

2. Unter ständigem Rühren nach und nach die Eier dazugeben.

3. Mit Kakao, Gewürznelken, Zimt, Rum und Mehl zu einem glatten Teig verarbeiten.

4. Den Teig mindestens 6 Stunden abgedeckt im Kühlschrank ruhen lassen.

5. Ein Oblaten-Waffeleisen vorheizen.

6. Aus dem Teig mit nassen Händen kirschgroße Kugeln formen.

7. Auf jede Waffelkarte des Eisens eine Kugel legen.

8. Die Teigkugeln beim Zusammenklappen des Eisens fest in die Waffelkarten drücken und in ca. 3 Minuten gut ausbacken.

9. Die aneinanderklebenden Waffeln noch heiß auseinanderschneiden, damit sie nicht zerbrechen.

10. Die fertigen Waffeln auskühlen lassen und leicht mit Puderzucker bestäuben.

11. Etwa zwei bis drei Wochen in einer Gebäckdose aufbewahren, dann sind sie schön mürbe.

ZIMTSTERNE

Für ca. 80 Stück

Teig:
200 g weiche Butter
150 g Zucker
20 g Vanillezucker
2 Eigelb
250 g Mehl
70 g abgezogene,
gemahlene Mandeln
2 TL Zimt
eine Prise Salz

Zum Bestreichen:
2 Eigelb
2 EL Vollmilch

Zum Verzieren:
175 g abgezogene,
halbierte Mandeln

1. Butter, Zucker und Vanillezucker mit den Schneebesen eines elektrischen Handrührgerätes schaumig schlagen, bis der Zucker völlig aufgelöst ist.
2. Nacheinander das Eigelb, eine Prise Salz, das Mehl und die Mandeln unterrühren.
3. Zum Schluß den Zimt untermischen und den Teig abgedeckt etwa 6 Stunden im Kühlschrank ruhen lassen.
4. Den Teig in Sechstel aufteilen und nacheinander auf einer bemehlten Arbeitsfläche oder zwischen zwei Blatt Klarsichtfolie etwa 2 mm dünn ausrollen.

5. Mit einer Ausstechform Sterne ausstechen und auf ein mit Backpapier ausgelegtes Backblech legen.
6. Das Eigelb mit der Milch verquirlen und die Sterne damit bestreichen.
7. Jeden Stern in der Mitte mit einer halbierten Mandel verzieren.
8. Im vorgeheizten Backofen bei 175 Grad etwa 10 Minuten backen.
9. Die Zimtsterne auskühlen lassen.
10. In eine Gebäckdose schichten. Nach 10 – 14 Tagen sind sie schön mürbe und zart.

IRMIS WALNUSS-STANITZEL

Für ca. 20 Stück

Teig:
125 g Mehl
2 Eigelb
½ EL saure Sahne
125 g kalte Butter
etwas Mehl zum Ausrollen
1 Eigelb zum Bestreichen

Füllung:
2 Eiweiß
125 g Zucker
125 g gemahlene Walnüsse

Glasur:
50 g Puderzucker
2 EL Wasser oder Rum

Zum Verzieren:
50 g Kuvertüre

1. Das Mehl in eine Schüssel sieben und eine Mulde in die Mitte drücken.
2. Eigelb und saure Sahne miteinander verrühren, in die Mehlmulde gießen und die Butter in kleinen Flöckchen auf den Mehlrand setzen.
3. Mit den Knethaken eines elektrischen Handrührgerätes schnell zu einem glatten Teig verkneten.
4. Mit Klarsichtfolie abgedeckt über Nacht in den Kühlschrank stellen.
5. Am nächsten Tag das Eiweiß für die Füllung steif schlagen.
6. Dabei den Zucker einrieseln lassen und so lange schlagen, bis eine cremeartige Masse entstanden ist.
7. Die Walnüsse vorsichtig unterheben.

8. Den gekühlten Teig einer mit Mehl bestäubten Arbeitsfläche etwa 3 mm dünn ausrollen und Kreise von 7 cm Durchmesser ausstechen.
9. Das Eigelb mit etwas Wasser verquirlen; die Teigkreise damit bestreichen.
10. In die Mitte jeweils kleines Häufchen von Füllung setzen.
11. Den Teig so um die Füllung herumlegen, kleine Tütchen entstehen und auf ein mit Backpapier ausgelegtes Backblech legen.
12. Möglichst noch einmal kühl stellen, damit die Stanitzel beim Backen ihre Form behalten.
13. Im vorgeheizten Backofen bei 170 Grad ca. 15 Minuten backen. Auskühlen lassen.

14. Für die Glasur den gesiebten Puderzucker mit dem Wasser oder dem Rum glattrühren.
15. Die Gebäcktütchen bis auf die Füllung mit der Glasur überziehen und zum Trocknen auf Pergamentpapier legen.
16. Zum Verzieren die Kuvertüre schmelzen, temperieren und in ein Pergamentpapiertütchen füllen.
17. Eine winzige Spitze von dem Tütchen abschneiden; die Ränder an der Füllung und die Spitzen der Walnußstanitzel damit verzieren.
18. Sobald die Kuvertüre getrocknet ist, die Walnußstanitzel in eine Gebäckdose schichten. Jede Schicht mit Pergamentpapier abdecken.

CHRISTAS NUSSPFENNIGE

Für ca. 200 Stück

190 g Mehl
65 g Speisestärke
1 TL Backpulver
125 g Zucker
2 Päckchen Vanillezucker
1 Ei
3 Tropfen Bittermandelöl
abgeriebene Schale einer unbehandelten Zitrone
125 g geviertelte Haselnüsse
125 g Butter

1. Alle Zutaten in eine Schüssel geben; die Butter dabei in Flöckchen zerteilen.
2. Zu einem glatten Teig verkneten.
3. Den Teig in kleine Portionen aufteilen und zu pfennigdicken Rollen formen.
4. Auf ein Brett oder eine Platte legen und abgedeckt kühl stellen.
5. Die gut durchgekühlten, festen Teigstränge gegebenenfalls noch einmal leicht in Form rollen; dann mit einem scharfen Messer in ½ cm dicke Scheiben schneiden.

6. Ein Backblech mit Backpapier auslegen und die Teigpfennige darauflegen.
7. Im vorgeheizten Backofen bei 200 – 220 Grad ca. 10 Minuten backen.
8. Auskühlen lassen und dann in einer Gebäckdose gut verschlossen aufbewahren. Nach einer Woche schmecken die Nußpfennige am besten.

ERDNUSS-SCHIFFCHEN

Für ca. 48 Stück, in 6 cm langen Schiffchenformen gebacken.

Teig:
120 g Mehl
30 g Puderzucker
65 g Butter
2 Eigelb
1 TL Vanillezucker
abgeriebene Schale
je einer halben
unbehandelten Zitrone
und Orange
eine Prise Salz
etwas Mehl zum
Ausrollen und Butter
für die Förmchen

Füllung:
70 g süße Sahne
20 g Butter
150 g Vollmilchkuvertüre
50 g Erdnußkerne
1 TL Puderzucker

Zum Verzieren:
48 halbe Erdnußkerne

1. Alle Zutaten für den Teig in eine Schüssel geben und zu einem glatten Teig verkneten.
2. Etwa 2 Stunden abgedeckt im Kühlschrank ruhen lassen.
3. Inzwischen die Sahne für die Füllung mit der Butter aufkochen, dann beiseite stellen.
4. Die Kuvertüre zerkleinern, in der heißen Sahne auflösen und die Masse abkühlen lassen.
5. Alle Erdnüsse, auch die zum Verzieren, mit dem gesiebten Puderzucker in eine Pfanne geben, unter Rühren anrösten, beiseite stellen.
6. Den gekühlten Teig auf einer mit Mehl bestäubten Arbeitsfläche 2 mm dünn ausrollen.

7. Die Schiffchenformen buttern, dicht nebeneinanderstellen und den Teig mit Hilfe des Nudelholzes darauflegen.
8. Mit der Hand in die Förmchen drücken und den überstehenden Teig entfernen.
9. Den Teig in den Förmchen mit einer Gabel einstechen, damit sich beim Backen keine Luftblasen bilden können.
10. Im vorgeheizten Backofen bei 200 Grad in ca. 10–12 Minuten hellbraun backen.

11. Auskühlen lassen, dann vorsichtig aus den Förmchen nehmen.
12. Zum Verzieren 48 Erdnußhälften beiseite legen.
13. Die übrigen Erdnüsse mittelfein hacken und unter die abgekühlte, aber nicht feste Sahne-Kuvertüre rühren.
14. In die gebackenen Schiffchen füllen und mit je einer halben Erdnuß verzieren.
15. Mit Folie abgedeckt kühl aufbewahren.

PFEFFERNÜSSE

Für ca. 80 Stück

190 g Zucker
2 Eier
1 EL Vanillezucker
250 g Mehl
½ Päckchen Backpulver
30 g gemahlene Mandeln
30 g fein gehacktes Zitronat
1 EL Zimt
1 kleine Msp gemahlene Gewürznelken
1 kleine Msp frisch gemahlener schwarzer Pfeffer

1. Zucker, Eier und Vanillezucker schaumig schlagen, die übrigen Zutaten dazugeben und alles zu einem glatten Teig verkneten. Abgedeckt eine Stunde kühl stellen.
2. Auf einer mit Mehl bestäubten Arbeitsfläche fingerdick ausrollen und Kreise von 3 cm Durchmesser ausstechen.
3. Auf Porzellanteller legen; mit einem Tuch abgedeckt an einem kühlen Ort ein bis zwei Tage trocknen lassen.
4. Die Teigkreise vor dem Backen umdrehen, auf ein mit Backpapier ausgelegtes Backblech setzen und im vorgeheizten Backofen bei 200 Grad 10 – 12 Minuten backen.
5. Auskühlen lassen.
6. Die Pfeffernüsse in eine Gebäckdose schichten. Mindestens 14 Tage ruhen lassen, damit die Gewürze gut durchziehen.

GULDENTALER

Für ca. 30 Stück

Teig:
65 g Butter
65 g Zucker
1 Ei
1 hartgekochtes Eigelb,
durch ein Sieb gestrichen
120 g Mehl
½ TL Hirschhornsalz
etwas Mehl zum Formen

Zum Bestreichen:
1 Eigelb
1 TL süße Sahne
1 EL Eierlikör

Zum Bestreuen:
3 EL Farinzucker

1. Butter und Zucker mit den Schneebesen eines elektrischen Handrührgerätes schaumig rühren, bis der Zucker völlig aufgelöst ist.
2. Das Ei und das hartgekochte Eigelb untermischen.
3. Das Mehl dazugeben, das Hirschhornsalz in wenig Wasser auflösen und untermischen.
4. Alles zu einem glatten Teig verarbeiten und kühl stellen.
5. Den gekühlten Teig auf einer mit Mehl bestäubten Arbeitsfläche zu einer Rolle von ca. 3 cm Durchmesser formen.
6. In Klarsichtfolie wickeln und erneut für 1 Stunde kühl stellen.

7. Ein Backblech mit Backpapier auslegen, die Teigrolle in ½ cm dicke Scheiben schneiden und auf das Backblech legen.
8. Eigelb, Sahne und Eierlikör miteinander verrühren und die Plätzchen damit bestreichen.
9. Den Farinzucker darüberstreuen.
10. Im vorgeheizten Backofen bei 200 Grad ca. 10 Minuten backen.
11. Auskühlen lassen.
12. Die Guldentaler in einer Gebäckdose verschlossen aufbewahren. Nach etwa 10–14 Tagen Lagerung werden sie schön mürbe.

VANILLE-MAKRONEN-GEBÄCK

Für ca. 75 Stück

Grundteig:

330 g Mehl
280 g Butter
120 g Puderzucker
120 g abgezogene, fein
gemahlene Mandeln
Mark einer Vanillestange
1 EL Rum
abgeriebene Schale einer
unbehandelten Zitrone
eine Prise Salz

Teigrand:

200 g Marzipanrohmasse
2 Eigelb

Füllung:

150 g Johannisbeergelee
150 g Aprikosengelee
2 EL Wasser

1. Alle Zutaten für den Grundteig in eine Schüssel geben und mit den Knethaken eines elektrischen Handrührgerätes zu einem glatten Teig verkneten.

2. Den Teig in Klarsichtfolie einschlagen und 12 Stunden im Kühlschrank ruhen lassen.

3. Am nächsten Tag für den Teigrand die zerbröckelte Marzipanrohmasse und das Eigelb miteinander verkneten.

4. In einen Spritzbeutel mit kleiner Sterntülle füllen, beiseite legen.

5. Den Grundteig aus dem Kühlschrank nehmen, die Folie entfernen.

6. Den Teig auf einer bemehlten Arbeitsfläche etwa 2–3 mm dünn ausrollen und nicht zu feine

Weihnachtsmotive, z. B. Glocken, Tannenbäume, ausstechen.

7. Vorsichtig auf ein mit Backpapier ausgelegtes Backblech setzen und mit einer Gabel einstechen, damit sich beim Backen keine Luftbläschen bilden können.

8. Auf den Rand der Plätzchen eine Bordüre aus der vorbereiteten Marzipan-Eigelb-Masse spritzen.

9. Im vorgeheizten Backofen bei 200 Grad 12–15 Minuten backen.

10. Die fertigen Plätzchen auskühlen lassen.

11. In der Zwischenzeit für die Füllung die beiden Gelees getrennt voneinander mit je 1 EL Wasser verrühren und sirupartig einkochen lassen.

12. Beide Gelees glattrühren und etwas abkühlen lassen.

13. Aus Pergamentpapier zwei kleine Tütchen formen, jeweils mit Gelee füllen, verschließen und die Spitzen der Tütchen abschneiden.

14. Den Innenraum der Plätzchen abwechselnd mit rotem und gelbem Gelee ausfüllen.

15. Wenn das Gelee fest geworden ist, die Plätzchen in Gebäckdosen schichten; jede einzelne Schicht mit Pergamentpapier abdecken. Die Dosen gut verschließen.

45

FEIGENSCHÄUMCHEN

Für ca. 40 Backoblaten
von 5 cm Durchmesser

160 g getrocknete Feigen
160 g Mandelstifte
2 Eiweiß
120 g Puderzucker
40 – 50 Backoblaten

1. Die Feigen fein würfeln, und die Mandelstifte unter ständigem Rühren in einer heißen Pfanne bräunen.

2. Das Eiweiß ca. 15 (!) Minuten lang mit den Schneebesen eines elektrischen Handrührgerätes sehr steif schlagen, dabei den gesiebten Puderzucker einrieseln lassen.

3. Die Feigen und die gebräunten Mandeln vorsichtig unter den Eischnee heben.

4. Mit Hilfe zweier Teelöffel kleine Häufchen von der Schaummasse abstechen und auf die Backoblaten setzen.

5. Auf ein Backblech legen und im vorgeheizten Backofen bei 170 Grad ca. 20 Minuten backen.

6. Die Feigenschäumchen auskühlen lassen, danach in eine Gebäckdose schichten. Jede Schicht mit Pergamentpapier abdecken. Gut verschlossen aufbewahren.

MUTTIS SPAGATKRAPFEN

Für ca. 40 Stück

Teig:
250 g Mehl
30 g Puderzucker
1 Ei
abgeriebene Schale einer
unbehandelten Zitrone
½ TL Zimt
3 EL Weißwein
125 g weiche Butter
eine Prise Salz
etwas Mehl zum Aus-
rollen
ca. 1 kg Butterschmalz
zum Fritieren

Zum Wälzen:
200 g Puderzucker
1 EL Zimt

1. Alle Zutaten für den Teig in eine Schüssel geben.
2. Zu einem glatten Teig verkneten, mit Klarsichtfolie abdecken und mindestens 6 Stunden kühl stellen.
3. Den Teig auf einer mit Mehl bestäubten Arbeitsfläche 1–2 mm dünn ausrollen und mit einem Teigrädchen 5 x 8 cm große Rechtecke ausradeln.
4. Auf ein mit Mehl bestäubtes Blech legen und erneut kühl stellen.
5. Das Butterschmalz in einem Topf oder in einer Friteuse auf ca. 170 Grad erhitzen.
6. Ein Teigstück auf die Spagatkrapfenform (siehe Seite 10/11) klemmen, für ca. 3–5 Minuten in das heiße Butterschmalz halten und den hellbraun ausgebackenen Spagatkrapfen abtropfen lassen.
7. Von der Form auf ein mit einem Tuch ausgelegtes Blech schütteln.
8. Die übrigen Krapfen Stück für Stück auf die gleiche Weise herstellen.
9. Den Puderzucker sieben und mit dem Zimt vermischen.
10. Die Spagatkrapfen darin wälzen und in einer Gebäckdose aufbewahren. Nach einer Woche sind sie besonders mürbe und zart.

GLÜHWEINDREISPITZE

Für ein Backblech

Glühwein:
¼ l Rotwein
abgeriebene Schale einer halben unbehandelten Zitrone und Orange
Saft je einer halben Zitrone und Orange
40 g Zucker
3 Gewürznelken
½ Zimtstange

Teig:
250 g Butter
2 EL Vanillezucker
250 g Zucker
4 Eier
150 g fein geriebene Kuvertüre
250 g Mehl
1 Päckchen Backpulver
⅛ l Glühwein

Glasur:
4 – 5 EL Glühwein
200 g Puderzucker

Zum Bestreuen:
120 g gehackte, geröstete Mandeln

1. Die Zutaten für den Glühwein in einen Topf geben.

2. Erhitzen, aber nicht kochen, und ca. 10 Minuten ziehen lassen.

3. Durch Kaffeefilterpapier gießen und die Mengen für den Teig und für die Glasur abmessen.

4. Butter, Vanillezucker und Zucker mit den Schneebesen eines elektrischen Handrührgerätes schaumig rühren. Ein Ei nach dem anderen zugeben und weiter schaumig schlagen.

5. Nach und nach die Kuvertüre, das Mehl, das Backpulver und den Glühwein unterrühren.

6. Den Teig so lange weiterrühren, bis die Masse luftig ist.

7. Das Backblech mit Backpapier auslegen und den Teig bis zu dreiviertel Randhöhe daraufgeben.

8. Im vorgeheizten Backofen bei 200 Grad ca. 25 – 30 Minuten backen.

9. Der Kuchen ist fertig, wenn sich eine zarte Kruste gebildet hat und die Oberfläche bei vorsichtiger Berührung leicht federt.

10. Auf dem Backblech auskühlen lassen.

11. Für die Glasur den Glühwein und den gesiebten Puderzucker miteinander verrühren.

12. Auf die Oberfläche des Kuchens streichen und die Mandeln darüberstreuen.

13. Die Glasur trocknen lassen, danach den Kuchen zuerst in Streifen, dann in Dreiecke schneiden.

14. Mit Klarsichtfolie abgedeckt oder in einer Gebäckdose aufbewahren.

PUNSCHKRAPFERL

Für ca. 30 Stück

Teig:
3 Eier
abgeriebene Schale einer halben unbehandelten Zitrone
90 g Zucker
1 TL Vanillezucker
70 g Mehl
30 g flüssige Butter
etwas Zucker zum Bestreuen

Füllung:
150 g Butter
1 EL Puderzucker
2 Eier
70 g Zucker
2 EL Rotwein
4 EL Rum
abgeriebene Schale einer unbehandelten Orange

Glasur:
500 g Fondant
2 EL Rotwein

Zum Verzieren:
Verschiedene kandierte Früchte oder Nußkerne

1. Eier, Zitronenschale, Zucker und Vanillezucker im heißen Wasserbad mit den Schneebesen eines elektrischen Handrührgerätes schaumig aufschlagen, bis die Masse warm ist.

2. Herausnehmen und in einem kalten Wasserbad unter Rühren abkühlen lassen.

3. Das Mehl darübersieben und zusammen mit der lauwarmen Butter vorsichtig unter die Eischaummasse heben.

4. Ein Backblech mit Backpapier auslegen und den Teig gleichmäßig darauf verteilen.

5. Im vorgeheizten Backofen bei 200 Grad ca. 15 Minuten backen.

6. Den gebackenen Biskuit auf ein dünn mit Zucker bestreutes Geschirrtuch stürzen und das Backpapier vorsichtig abziehen.

7. Das Gebäck auskühlen lassen, zwei 14x22 cm große Rechtecke daraus ausschneiden und beiseite stellen.

8. Die Biskuitreste zerbröseln, ebenfalls beiseite stellen.

9. Für die Füllung die Butter mit dem gesiebten Puderzucker schaumig schlagen.

10. Die Eier und den Zucker im warmen Wasserbad schaumig schlagen, herausnehmen und unter ständigem Schlagen abkühlen lassen. Butter- und Eiermasse müssen die gleiche Temperatur haben.

11. Beide Massen miteinander vermischen; Rotwein, Rum, Orangenschale und Biskuitbrösel unterrühren.

12. Die Füllung auf eines der Biskuitrechtecke streichen und das zweite Rechteck obenauf legen.

13. Ein mit Aluminiumfolie bespanntes Brettchen darauflegen, mit ein oder zwei Paketen Mehl beschweren und alles ca. 3 Stunden kühl stellen.

14. Mit einer Ausstechform Kreise von 3 cm Durchmesser aus dem Gebäck ausstechen; auf ein Kuchengitter legen.

15. Erneut kühl stellen.

16. Den Fondant zusammen mit dem Rotwein im Wasserbad auf 35 Grad erwärmen und dabei zu einer gleichmäßigen Glasurmasse verrühren.

17. Die Punschkrapferl damit überziehen und, kurz bevor die Glasur trocken ist, mit kandierten Fruchtstücken oder Nüssen verzieren. Kühl aufbewahren.

Tip: Die Gebäckreste, die beim Ausstechen der Punschkrapferl anfallen, können für ein Dessert, z. B. mit Fruchtsaft getränkt und mit Vanillecreme geschichtet, verwendet werden.

49

APRIKOSENPLÄTZCHEN

Für ca. 45 Stück, auf einem Florentiner-Blech mit Vertiefungen (4 cm Durchmesser) gebacken

---

120 g fein gemahlene Mandeln

140 g Puderzucker

50 g Mehl

6 EL Vollmilch

60 g zerlassene Butter

4 Eiweiß

1 EL Vanillezucker

eine Prise Salz

etwas Butter und Mehl für das Blech

100 g Aprikosenkonfitüre

1 EL Rum

Puderzucker zum Bestäuben

---

1. Mandeln, Puderzucker und Mehl mischen.
2. Erst die Milch, dann die lauwarme Butter untermischen.
3. Das Eiweiß mit den Schneebesen eines elektrischen Handrührgerätes steif schlagen, dabei den Vanillezucker und eine Prise Salz einstreuen.
4. Den Eischnee vorsichtig unter die Mandelmasse heben.
5. Die Vertiefungen des Florentiner-Bleches ausbuttern und mit Mehl ausstreuen.
6. Das überschüssige Mehl durch Stürzen des Bleches entfernen.
7. Den Teig in die Vertiefungen des Bleches geben.

8. Im vorgeheizten Backofen bei 200 Grad 12 – 15 Minuten backen.
9. Die zart gebräunten Plätzchen zum Abkühlen auf ein Kuchengitter stürzen.
10. Die Aprikosenkonfitüre und den Rum miteinander glattrühren.
11. Die Hälfte der Plätzchen auf der flachen Rückseite mit der Konfitüre bestreichen.
12. Die übrigen Plätzchen mit der Rückseite daraufsetzen.
13. Zum Schluß dick mit Puderzucker bestäuben.
14. Die Plätzchen in eine Gebäckdose legen. Die einzelnen Schichten mit Pergamentpapier voneinander trennen.

ENGELSAUGEN

Für ca. 25 Stück

Teig:

120 g Mehl

75 g Butter

1 Eigelb

35 g Puderzucker

1 TL Vanillezucker

abgeriebene Schale einer
halben unbehandelten
Zitrone

eine Prise Salz

Füllung:

2 EL Himbeerkonfitüre

Glasur:

50 g Kuvertüre

Puderzucker zum
Bestäuben

1. Mehl, Butter, Eigelb, Puder- und Vanillezucker, Zitronenschale und eine Prise Salz mit den Knethaken eines elektrischen Handrührgerätes zu einem glatten Teig verkneten.
2. Für 1 Stunde in den Kühlschrank stellen.
3. Ein Backblech mit Backpapier auslegen.
4. Aus dem Teig kleine Kugeln formen und auf das Backblech setzen.
5. Mit einem Kochlöffelstiel eine Vertiefung in die Mitte der Teigkugeln drücken. Den Kochlöffelstiel zwischendurch in Mehl tauchen, damit kein Teig daran kleben bleibt.
6. Die Himbeerkonfitüre glattrühren, in einen Spritzbeutel mit kleiner Lochtülle geben und in die Vertiefungen der Teigkugeln spritzen.
7. Im vorgeheizten Backofen bei 200 Grad ca. 15 Minuten backen. Die Engelsaugen sollen nur leicht bräunen.
8. Auskühlen lassen.
9. Für die Glasur die Kuvertüre schmelzen und temperieren. Die Unterseite der Engelsaugen hineintauchen.
10. Auf Pergamentpapier setzen, leicht mit Puderzucker bestäuben und nach dem Trocknen in eine Gebäckdose schichten. An einem kühlen Ort bewahren, damit die Kuvertüre nicht schmilzt.

WEIHNACHTSWOLKE

Für ein 20 x 30 cm großes Backblech

Teig:
4 Eier
100 g Marzipanrohmasse
1 EL Vollmilch
100 g Zucker
Mark einer Vanillestange
70 g Mehl
30 g Mandelblättchen
50 g gehackte,
getrocknete Aprikosen
50 g gehackte Kuvertüre
eine Prise Salz

Belag:
6 entkernte, abgezogene,
getrocknete Datteln
4 Eiweiß
200 g Puderzucker
1 EL Kartoffelmehl

1. Eigelb und Eiweiß trennen, Eiweiß beiseite stellen. Das Marzipan zerbröckeln und mit der Milch glattrühren.
2. Eigelb und 70 g Zucker mit den Schneebesen eines elektrischen Handrührgerätes schaumig schlagen, bis der Zucker völlig aufgelöst ist.
3. Vanillemark, Salz und die Marzipanmasse zufügen und alles weiter schaumig schlagen.
4. Mehl, Mandeln, Aprikosen und Kuvertüre untermischen.
5. Das beiseite gestellte Eiweiß mit den gesäuberten Schneebesen steif schlagen, den übrigen Zucker dabei einrieseln lassen.
6. Den Eischnee vorsichtig unter den Teig heben.

7. Das Backblech mit Backpapier auslegen und den Teig darauf verstreichen.
8. Die Datteln in Scheiben schneiden und den Teig damit belegen.
9. Im vorgeheizten Backofen bei 200 Grad ca. 20 – 25 Minuten backen.
10. Das Eiweiß für den Belag steif schlagen und den gesiebten Puderzucker dabei einrieseln lassen.
11. Zum Schluß das gesiebte Kartoffelmehl unter ständigem Schlagen dazugeben.
12. Das Backblech aus dem Ofen nehmen und das Gebäck auf dem Blech auskühlen lassen.
13. Den Backofen auf 250 Grad aufheizen.
14. Den Eischnee in einen Spritzbeutel mit Lochtülle geben und gleichmäßige Streifen auf den Kuchen spritzen.
15. Mit Hilfe eines Eßlöffels den Eischnee wolkenähnlich auflockern.
16. Erneut in den Backofen schieben und 5 – 8 Minuten goldbraun überbacken.
17. Die Weihnachtswolke auskühlen lassen, in Portionen aufschneiden und mit Folie abgedeckt aufbewahren.

BUNTE KNUSPER-SCHNITTEN

Für ca. 60 Stück

Teig:
190 g Mehl
85 g Zucker
1 EL Vanillezucker
1 TL Backpulver
1 Ei
abgeriebene Schale einer
unbehandelten Zitrone
85 g Butter
etwas Mehl zum
Ausrollen
1 Eigelb zum Bestreichen

Belag:
4 EL Aprikosengeist
½ EL Zimt
½ EL Vanillezucker
1 EL süße Sahne
40 g grob gehackte,
getrocknete Aprikosen
100 g Butter
200 g Zucker
4 EL Honig
¼ l süße Sahne
200 g Mandelblättchen
200 g Haselnußblättchen
20 g gehackte, rote
Belegkirschen
20 g gehackte, grüne
Angelika oder Beleg-
kirschen
20 g gehacktes Orangeat
20 g gehacktes Zitronat

1. Für den Belag Aprikosengeist mit Zimt, Vanillezucker und Sahne glattrühren.
2. Die getrockneten Aprikosen damit vermischen und durchziehen lassen.
3. Alle Zutaten für den Teig in eine Schüssel geben, die Butter dabei in Flöckchen zerteilen.
4. Mit den Knethaken eines elektrischen Handrührgerätes zu einem glatten Teig verkneten.
5. Den Teig kühl stellen.

6. Butter, Zucker und Honig für den Belag in einen Topf geben, erhitzen und unter Rühren leicht bräunen lassen.
7. Die Sahne dazugießen und so lange rühren, bis sich der Zucker völlig aufgelöst hat.
8. Die übrigen Zutaten für den Belag, einschließlich der eingelegten Aprikosen, dazugeben.
9. Bei geringer Hitze unter ständigem Rühren weiterkochen lassen, bis die Masse gebunden ist.
10. Den gekühlten Teig auf einer mit Mehl bestäubten Arbeitsfläche in kleinen Portionen dünn ausrollen.
11. Die Teigflächen jeweils in 7 cm breite Streifen schneiden.
12. Ein Backblech mit Backpapier auslegen und die Teigstreifen vorsichtig darauflegen.
13. Das Eigelb verquirlen und die Teigränder längs damit bestreichen.
14. Aus den Teigresten dünne Röllchen formen und als Begrenzung auf die Längsseiten der Teigränder legen.
15. Nun den Belag auf die Teigstreifen geben und innerhalb der Begrenzungen verstreichen.
16. Im vorgeheizten Backofen bei 200 Grad in ca. 20 Minuten goldbraun backen.
17. Etwas abkühlen lassen.
18. Das Gebäck in 2 cm breite Stücke schneiden und nach dem Abkühlen in eine Gebäckdose schichten. Die einzelnen Schichten durch Pergamentpapier voneinander trennen.

KOKOSSCHNITTEN

Für ein Backblech
(20 x 30 cm) mit Rand

Teig:

3 Eier

80 g Zucker

1 EL Vanillezucker

50 g Kokosraspeln

30 g Mehl

80 g Bitterkuvertüre

3 EL Kokosnußlikör

40 g lauwarme Butter

Glasur:

70 g Puderzucker

70 g Zucker

70 g Kakaopulver

120 g Kokosfett

3 EL Rum

1 EL Kokosnußlikör

3 EL süße Sahne

Zum Wälzen:

200 g Kokosraspeln

1. Eier, Zucker und Vanille-zucker mit den Schnee-besen eines elektrischen Handrührgerätes im hei-ßen Wasserbad schau-mig schlagen, bis die Masse dicklich wird.
2. Im kalten Wasserbad kaltschlagen.
3. Die Kokosraspeln mit dem Mehl mischen.
4. Die Kuvertüre mit einem Messer zerklei-nern und im warmen Wasserbad schmelzen lassen.
5. Die flüssige Kuvertüre zusammen mit der Kokos-Mehl-Mischung vorsichtig unter die Eier-masse heben.

6. Den Kokosnußlikör und die lauwarme Butter unterrühren.
7. Das Backblech mit Backpapier auslegen und die Teigmasse darauf verteilen.
8. Im vorgeheizten Back-ofen bei 200 Grad ca. 15 Minuten backen.
9. Das Gebäck ausküh-len lassen, stürzen und das Backpapier abzie-hen.
10. Aus dem Gebäck 3,5 x 2 cm große Stücke schneiden.
11. Alle Zutaten für die Glasur in einen Topf geben und im heißen Wasserbad unter vor-sichtigem Rühren auf-lösen, so daß eine gleichmäßige Masse entsteht.
12. Die Kokosschnitten mit Hilfe einer Gabel in die Glasur tauchen, gut abtropfen lassen und in den Kokosraspeln wäl-zen. Kühl stellen.

GEFÜLLTE KOKOS-MAKRÖNCHEN

Für ca. 80 Stück

Mürbeteig:

100 g Mehl

40 g Puderzucker

60 g Butter

2 Eigelb

1 EL Kakaopulver

2 TL Vanillezucker

abgeriebene Schale

einer unbehandelten

Orange

eine Prise Salz

etwas Mehl zum

Ausrollen

Makronenteig:

100 g Eiweiß

260 g Zucker

1 EL Honig

170 g Kokosraspeln

50 g Mehl

Füllung:

100 g Kuvertüre

100 g Nougat

Glasur:

150 g Kuvertüre

1. Alle Zutaten für den Mürbeteig mit den Knethaken eines elektri-schen Handrührgerätes in einer Rührschüssel zu einem glatten Teig ver-kneten.
2. Zu einer Kugel formen und in Frischhaltefolie eingewickelt für 1 Stunde in den Kühlschrank stellen.
3. Für den Makronenteig das Eiweiß steif schla-gen, den Zucker dabei einrieseln lassen und den Honig zugeben. Im heißen Wasserbad schaumig schlagen, bis die Masse warm und et-was zäh ist.
4. Aus dem Wasserbad nehmen und ca. 10 Minu-ten weiterschlagen, bis die Masse wieder abge-kühlt ist.

5. Kokosraspeln und Mehl mischen; unter die Eischaummasse heben.
6. In einen Spritzbeutel mit Lochtülle geben.
7. Ein Backblech mit Backpapier auslegen und gut kirschgroße Häufchen der Makronen-masse aufspritzen.
8. Im vorgeheizten Back-ofen bei ca. 190 Grad 12 – 13 Minuten backen.
9. Auskühlen lassen.
10. Den Mürbeteig auf einer mit Mehl bestäub-ten Arbeitsfläche ca. 2 – 3 mm dünn ausrollen.
11. Dann Kreise von 3 cm Durchmesser aus-stechen und auf ein mit Backpapier ausgelegtes Backblech legen.
12. Im vorgeheizten Backofen bei 200 Grad ca. 12 Minuten backen.
13. Auskühlen lassen.
14. Für die Füllung die Kuvertüre schmelzen, den zerkleinerten Nougat zufügen und beides mit-einander cremig auf-schlagen.
15. In eine kleine Spritz-tüte geben; auf die Mürbe-teigplätzchen spritzen.
16. Die Kokosmakrön-chen daraufsetzen und für ca. 15 Minuten kühl stellen.
17. Für die Glasur die Kuvertüre schmelzen, temperieren, und das Unterteil der Gebäck-stücke bis zur Unterseite der Makrönchen hinein-tauchen; auf Pergament-papier setzen.
18. Sobald die Kuvertüre trocken ist, die gefüllten Kokosmakrönchen in eine Gebäckdose schichten. Jede Schicht mit Pergamentpapier abdecken. Kühl aufbe-wahren.

Für ca. 50 kleine
Schnitten

Biskuit:
4 Eier
120 g Zucker
60 g Mehl
60 g Puderzucker
40 g flüssige Butter
Puderzucker zum
Bestäuben

Zum Tränken:
¼ l Läuterzucker
(siehe Seite 18)
15 g Instant Espresso
pulver
⅛ l starker Kaffee
5 EL Rum

Zum Bestreichen:
50 g Aprikosenkonfit
50 g Kuvertüre

Schokoladencreme:
200 g Bitterkuvertüre
125 g süße Sahne
25 g Butter

Buttercreme:
125 g Butter
45 g Puderzucker
3 EL Kaffeelikör
1 – 2 EL Instant Espre
pulver

Glasur:
150 g Kuvertüre

1. Eier und Zucker mi
den Schneebesen ei
elektrischen Handrüh
gerätes in 5 Minuten
schaumig schlagen.
2. Mehl und Puderzu
darübersieben und z
sammen mit der lauw
men Butter unterheb
3. Zwei Backbleche r
Backpapier ausleger
und den Biskuitteig d
auf verstreichen.
4. Im vorgeheizten Ba
ofen bei 200 Grad
ca. 12 Minuten backe
5. Die gebackenen B
kuitböden auf je ein s
beres, mit Puderzuck

OPERASCHNITTEN

bestäubtes Geschirrtuch stürzen; das Backpapier vorsichtig abziehen.

6. Den Läuterzucker zum Tränken des Biskuits mit dem Espressopulver, dem Kaffee und dem Rum verrühren. Beiseite stellen.

7. Die ausgekühlten Biskuitböden vorsichtig umdrehen und halbieren, so daß vier gleich große Platten entstehen.

8. Zum Bestreichen die Aprikosenkonfitüre unter Rühren aufkochen; dünn auf eine Biskuitplatte streichen.

9. Die Kuvertüre schmelzen, temperieren und auf die angetrocknete Konfitüre streichen. Im Kühlschrank fest werden lassen.

10. Für die Schokoladencreme die Kuvertüre zerkleinern; Sahne und Butter aufkochen und die Kuvertüre darin unter ständigem Rühren auflösen. Kühl stellen oder in einem kalten Wasserbad unter ständigem Rühren abkühlen lassen, bis die Creme dicklich wird.

11. Die kalt gestellte Biskuitplatte mit der Schokoladenseite nach unten auf eine Platte legen und mit einem Viertel der Läuterzuckermischung tränken.

12. Darauf eine Schicht Schokoladencreme streichen und die zweite Biskuitplatte darauflegen.

13. Diese Platte ebenfalls mit einem Viertel der Läuterzuckermischung tränken und mit Schokoladencreme bestreichen.

14. Mit der dritten Biskuitplatte ebenso verfahren; die vierte Platte darüberlegen, aber vorerst nur tränken.

15. Ein mit Aluminiumfolie bespanntes Holzbrettchen zum Beschweren darauflegen und die Schichten 30 Minuten lang pressen: einen nicht zu schweren Gegenstand auf das Brettchen legen, z. B. ein oder zwei Pakete Mehl.

16. Inzwischen die Buttercreme zubereiten: Butter und Puderzucker zusammen sehr schaumig schlagen.

17. Den Kaffeelikör und das Espressopulver zugeben und so lange weiterschlagen, bis eine cremige Masse entsteht.

18. Die gepreßten Biskuitschichten mit der übrigen, nochmals gut durchgerührten Schokoladencreme bestreichen und im Kühlschrank fest werden lassen.

19. Dann die Buttercreme daraufstreichen; das Gebäck erneut kühl stellen.

20. Für die Glasur die Kuvertüre schmelzen und temperieren.

21. Die temperierte Kuvertüre gleichmäßig über die gepreßte Biskuitschnitte verteilen.

22. Bevor die Kuvertüre fest geworden ist, mit einem Sägemesser ein Wellenmuster auf der Oberfläche ziehen.

23. Sobald die Glasur trocken ist, die Operaschnitten in 2,5 x 4 cm große Stücke schneiden.

24. Nach Belieben mit je einer Messerspitze Blattgold verzieren und, mit Klarsichtfolie abgedeckt, maximal eine Woche kühl aufbewahren.

ORANGEN-KROKANT-SCHNITTEN

Für ein Backblech (20 x 30 cm) mit 2 cm hohem Rand

Teig:
100 g Butter
100 g Puderzucker
1 TL Vanillezucker
2 Eier
100 g Mehl
100 g gemahlene Haselnüsse
1 TL Backpulver
je eine Prise Zimt und Gewürznelke (gemahlen)
abgeriebene Schale einer halben, unbehandelten Zitrone
200 g Orangenmarmelade zum Bestreichen

Krokantbelag:
100 g Butter
50 g Zucker
2 EL flüssiger Honig
25 g gewürfeltes Zitronat
25 g gewürfeltes Orangeat
50 g gehackte Mandeln
50 g gehackte Haselnüsse
50 g gemahlene Mandeln
1 EL Orangenlikör

1. Butter, Puder- und Vanillezucker mit den Schneebesen eines elektrischen Handrührgerätes schaumig rühren.

2. Die Eier nacheinander unterrühren.

3. Mehl, Haselnüsse, Backpulver, Gewürze und Zitronenschale untermischen.

4. Das Backblech mit Backpapier auslegen, die Teigmasse daraufgeben und glattstreichen.

5. Das Blech mit dem Teig 1/2 Stunde lang kühl stellen.

6. Die Orangenmarmelade in einem Topf bei geringer Hitze unter Rühren auflösen.

7. Die flüssige Marmelade dünn auf die kalte Teigmasse streichen.

8. Erneut kühl stellen.

9. Für den Krokantbelag Butter, Zucker und Honig in einem Topf unter Rühren erhitzen; dickflüssig einkochen lassen.

10. Sobald sich die Masse leicht bräunlich färbt, den Topf vom Herd nehmen.

11. Die übrigen Zutaten unterrühren und die Krokantmasse etwas abkühlen lassen.

12. Die Masse auf dem mit Orangenmarmelade bestrichenen Teig verteilen.

13. Im vorgeheizten Backofen bei 220 Grad ca. 20 – 25 Minuten backen.

14. Das Gebäck auf dem Blech erkalten lassen.

15. Das abgekühlte Gebäck vom Blech stürzen und das Backpapier abziehen.

16. Das Orangen-Krokant-Gebäck in Aluminiumfolie verpackt aufbewahren und innerhalb von ein bis zwei Wochen nach Bedarf aufschneiden.

ELISENLEBKUCHEN

Für ca. 150 Stück von
5 cm Durchmesser

Teig:
470 g Zucker
6 Eier à 55 g
1 TL Vanillezucker
480 g Haselnüsse (eine
Hälfte grob und eine
Hälfte fein gemahlen)
50 g grob gehackte
Walnüsse
100 g fein geschnittenes
Orangeat
100 g fein geschnittenes
Zitronat
abgeriebene Schale je
einer unbehandelten
Zitrone und Orange
1 EL fein gehackte
Ingwerknolle, in Sirup
eingelegt
je ½ TL gemahlene
Gewürze: Zimt, Gewürz-
nelke, Piment, Koriander,
Muskatblüte (Macis),
Kardamom, Muskatnuß
2 Päckchen Backoblaten
(50 mm Durchmesser)

Punschglasur:
130 g Puderzucker
ca. 2 EL Rum
ca. 2 EL Rotwein

Schokoladenglasur:
200 g Bitter- oder Voll-
milchkuvertüre

Zum Verzieren:
verschiedene Nüsse und
kandierte Früchte

1. Zucker, Eier und
Vanillezucker mit den
Schneebesen eines elek-
trischen Handrührgerätes
so lange schaumig rüh-
ren, bis sich die Masse
verdoppelt hat und der
Zucker aufgelöst ist.
2. Nüsse, Orangeat,
Zitronat, Zitronen- und
Orangenschale, Ingwer
und Gewürze unter-
mischen.
3. Abgedeckt an einem
kühlen Ort 24 Stunden
ruhen lassen.

4. Am nächsten Tag
kleine, etwa 15 – 17 g
schwere Kugeln aus der
Lebkuchenmasse formen
und so auf die Oblaten
setzen, daß ein 3–5 mm
breiter Rand frei bleibt.
5. Die Oblaten auf ein mit
Backpapier ausgelegtes
Backblech setzen.
6. Im vorgeheizten Backofen bei 200 Grad 12–15
Minuten lang hellbraun
backen. Die gut auf-
gegangenen Lebkuchen
dürfen innen nicht ganz
gar sein, weil sie noch
nachziehen und weich
bleiben sollen.
7. Die fertigen Leb-
kuchen auf einem
Kuchengitter auskühlen
lassen.
8. Ein Drittel der Lebkuchen beiseite stellen;
sie bleiben "natur", also
ohne Glasur.
9. Für die Punschglasur
den gesiebten Puderzuk-
ker mit Rum und Rotwein
glattrühren
10. Ein weiteres Drittel
der Lebkuchen einzeln
mit der oberen Seite
(nicht mit der Oblaten-
seite) in die Punschgla-
sur tauchen.
11. Für die Schokoladenglasur die Kuvertüre
schmelzen, temperieren
und das übrige Drittel der
Lebkuchen mit der obe-
ren Seite hineintauchen.
12. Die glasierten Lebkuchen nebeneinander
auf einem Kuchengitter
trocknen lassen. Solange
die Glasuren noch weich
sind, können sie mit Nüs-
sen und kandierten
Früchten verziert werden.
13. Die fertigen Leb-
kuchen in einer Blechdo-
se aufbewahren. Das
Gebäck mit einem Stück
Pergamentpapier abdek-
ken und einige Apfel-
schalen darüberlegen.
Dadurch bleiben die
Elisenlebkuchen weich
und saftig. Nach etwa
10 Tagen haben Leb-
kuchen die optimale
Beschaffenheit.

APFELLEBKUCHEN-GLÖCKCHEN

Für ca. 25 Stück

Teig:
300 g Honig
50 g Zucker
1 TL Hirschhornsalz
200 g Weizenmehl
120 g Roggenmehl
1 TL Pottasche
1 Eigelb
2 TL Zimt
1 TL gemahlener
Kardamom
1 TL gemahlener Piment
3 EL Apfelbrand
20 g gehackte
getrocknete Äpfel
etwas Mehl zum
Ausrollen
ca. ⅛ l Vollmilch zum
Bestreichen

Füllung:
1 EL fein gehackte,
getrocknete Äpfel
2 EL Apfelbrand
80 g Marzipanrohmasse
1½ EL Apfelgelee

Glasur:
400 g Bitterkuvertüre

Zum Bestreuen:
50 g grob gehackte
Pistazienkerne

1. Für die Füllung die getrockneten Äpfel in dem
Apfelbrand einweichen.
2. Honig und Zucker für
den Lebkuchenteig in
einem Topf bei milder Hitze unter Rühren auflösen,
nicht kochen!
3. Bei Zimmertemperatur
2 Stunden stehen lassen.
4. Das Hirschhornsalz in
wenig Wasser auflösen
und zusammen mit dem
Weizenmehl unter die
Zucker-Honig-Mischung
kneten.
5. Das Roggenmehl, die
ebenfalls in etwas Was-
ser aufgelöste Pottasche
sowie die übrigen Zuta-
ten für den Teig unter-
kneten.
6. Den Lebkuchenteig für
1 Stunde kalt stellen.

7. Für die Füllung die zerbröckelte Marzipanroh-
masse mit dem Apfel-
gelee und den einge-
weichten Trockenäpfeln
zu einer glatten Masse
verrühren.
8. Den Lebkuchenteig in
kleinen Portionen auf
einer mit Mehl be-
stäubten Arbeitsfläche
3 – 4 mm dick ausrollen.
9. Mit einer Ausstechform
6,5 x 3,5 cm große Glok-
ken ausstechen. Die
Menge sollte etwa
50 Stück ergeben.
10. Die Füllung in einen
Spritzbeutel mit Lochtülle
geben und kleine Häuf-
chen auf die Hälfte der
Teigglocken spritzen; den
Rand frei lassen.
11. Die andere Hälfte der
Teigglocken vorsichtig
darauflegen und am
Rand festdrücken.
12. Die Glocken leicht mit
Milch bestreichen.
13. Ein Backblech mit
Backpapier auslegen
und die Glocken vorsich-
tig darauflegen.
14. Im vorgeheizten
Backofen bei 180 Grad
ca. 10 Minuten backen.
15. Auskühlen lassen.
16. Für die Glasur die
Kuvertüre schmelzen
und temperieren.
17. Die Lebkuchenglok-
ken mit der Kuvertüre
überziehen und mit den
Pistazien verzieren.
18. Sobald die Kuvertüre
getrocknet ist, die Leb-
kuchenglocken in eine
Gebäckdose schichten.
Jede Schicht mit Perga-
mentpapier abdecken.
Gut verschlossen aufbe-
wahren. Je länger die
Lebkuchen lagern, um so
würziger werden sie.

EISBERG-SPITZEN

Für ca. 50 Stück
(Foto oben)

125 g weiße Schokolade
75 g Butter
75 g Puderzucker
8 EL trockener Sekt
abgeriebene Schale einer
halben unbehandelten
Zitrone
Saft einer halben Zitrone
70 g Puderzucker
80 g Marzipanrohmasse

Glasur:
400 g weiße Kuvertüre

Zum Verzieren:
1 – 2 EL gehackte
Pistazienkerne

1. Die Schokolade zerkleinern, im heißen Wasserbad schmelzen.
2. Butter und Puderzucker mit den Schneebesen eines elektrischen Handrührgerätes schaumig schlagen.
3. Unter ständigem Rühren lauwarme Schokolade, Sekt, Zitronenschale und -saft dazugeben und so lange schaumig schlagen, bis eine spritzfähige Masse entsteht.
4. In einen Spritzbeutel mit mittlerer Lochtülle füllen und beiseite legen.
5. Den gesiebten Puderzucker mit der Marzipanrohmasse verkneten, zwischen zwei Blatt Klarsichtfolie legen und ca. 3 mm dünn ausrollen.
6. Die Folie abziehen, aus dem Marzipanteig Kreise von 2,5 bis 3 cm Durchmesser ausstechen und auf ein mit Pergamentpapier ausgelegtes Tablett legen.

7. Die Masse aus dem Spritzbeutel auf die Marzipankreise spritzen und alles kühl stellen.
8. Für die Glasur die Kuvertüre schmelzen und temperieren.
9. Die kalten Eisbergspitzen auf einen Gitterrost setzen und eine flache Schale zum Auffangen der Kuvertüre darunterstellen.
10. Die Kuvertüre mit Hilfe eines Eßlöffels über die Eisbergspitzen geben und gut ablaufen lassen.
11. Mit den Pistazien bestreuen.
12. Kühl aufbewahren und bald verzehren.

MOKKATRÜFFEL

Für ein Blech, 16 x 25 cm groß, 3 cm Randhöhe
(Foto unten links)

¼ l süße Sahne
2 EL Instant Espressopulver
225 g Butter
225 g geraspelte Halbbitterschokolade
4 EL Mokkalikör

Zum Bestreuen:
120 g Kakaopulver

Zum Verzieren:
50 g Vollmilchkuvertüre
30 – 40 Schokoladen-Mokkabohnen

1. Sahne, Espressopulver und Butter in einem Topf aufkochen.
2. Beiseite stellen, Schokolade und Mokkalikör zugeben und so lange vorsichtig rühren, bis die Schokolade vollständig geschmolzen ist.

3. Das Blech mit Backpapier auslegen und die
Schokoladen-Mokka-
Mischung durch ein Sieb
daraufgießen.
4. Für etwa 5 – 6 Stunden
in ein Gefriergerät stellen.
5. Die Arbeitsfläche groß-
zügig mit der Hälfte des
Kakaopulvers bestreuen
und die Trüffelmasse dar-
aufstürzen.
6. Das Backpapier ab-
ziehen und die Ober-
fläche der gefrorenen
Trüffelmasse mit dem üb-
rigen Kakao überpudern.
7. Nun 30 – 40 gleich
große Quadrate aus der
Trüffelmasse schneiden.
8. Die einzelnen Trüffel-
würfel rundherum in dem
Kakao wenden und den
überschüssigen Kakao
gut abschütteln.
9. Auf ein Tablett legen.
10. Zum Verzieren die
Kuvertüre schmelzen,
temperieren und in ein
kleines Pergament-
papiertütchen geben.
11. Eine winzige Spitze
von dem Tütchen ab-
schneiden und auf die
Mitte jedes Trüffelwürfels
einen Tupfer Kuvertüre
spritzen.
12. Je eine Schokoladen-
Mokkabohne darauf-
setzen. Abgedeckt und
kühl aufbewahren.

RUMPRALINEN
Für ca. 80 Stück
(Foto unten rechts)

Pralinenmasse:
100 g süße Sahne
4 EL Rum
75 g Butter
2 Eigelb
300 g Bitterkuvertüre

Glasur:
ca. 300 g Bitter- oder
Vollmilchkuvertüre

Zum Verzieren:
verschiedene kleine
Nüsse, kandierte Früchte
oder Schokolade

1. Sahne und Rum in
einem kleinen Topf
erhitzen. Kurz vor dem
Kochen vom Herd neh-
men, die Butter zugeben
und unter Rühren darin
schmelzen lassen.
2. Nebenbei die klein-
geschnittene Kuvertüre
vorsichtig im Wasserbad
schmelzen lassen.
3. Unter ständigem Rühren nach und nach das
Eigelb und die ge-
schmolzene Kuvertüre in
die heiße Sahne-Butter-
Mischung geben.
4. Ein 25 x 18 cm großes
Blech mit 2 cm hohem
Rand mit Klarsichtfolie
auslegen, die Pralinen-
masse daraufgeben und
mit Folie abdecken.
5. Etwa 24 Stunden kühl
stellen.
6. Stürzen, die Folie vorsichtig abziehen und
ca. 80 kleine Rechtecke
aus der festen Pralinen-
masse schneiden.
7. Für die Glasur die
Kuvertüre schmelzen,
temperieren und die Pra-
linen damit überziehen:
auf eine Gabel oder Pralinengabel setzen und in
die Kuvertüre tauchen.
Danach zum Trocknen
auf Backpapier setzen.
8. Bevor die Kuvertüre
ganz trocken ist, kann
man die Pralinen mit
Nüssen und kandierten
Fruchtstücken verzieren.
9. Die Pralinen bis zum
Verzehr in Papierpralinenförmchen setzen. Kühl
aufbewahren.
Tip: Zwei Riegel (40 g)
weiße oder dunkle Scho-
kolade im Wasserbad
schmelzen, ein bis zwei
Tropfen Wasser zugeben
und glattrühren. Die
Masse in ein Pergament-
papiertütchen füllen, eine
winzige Spitze davon ab-
schneiden und die Prali-
nen mit feinen Ornamen-
ten verzieren.

DOMINO-STEINE

Für ca. 50 Stück
(Foto oben)

75 g Marzipanrohmasse
75 g Puderzucker
4 – 5 EL Birnengeist
125 g süße Sahne
25 g Butter
200 g Bitterkuvertüre
350 g kandierte Früchte (Birnen, Ananas oder Orangen)

Glasur:
*250 – 300 g Bitter-
kuvertüre*

Zum Verzieren:
50 g weiße Schokolade

1. Die zerbröckelte Marzipanrohmasse mit dem gesiebten Puderzucker und 1 – 2 EL Birnengeist verkneten; abgedeckt kühl stellen.
2. Die Sahne zusammen mit der Butter aufkochen und beiseite stellen.
3. Die Kuvertüre zerkleinern und unter ständigem Rühren mit einem Schneebesen in der heißen Sahne auflösen.
4. Abkühlen lassen und mit 3 EL Birnengeist abschmecken.
5. Die kandierten Früchte in ca. 3 mm dünne Scheiben schneiden.
6. Den Marzipanteig zwischen zwei Blatt Klarsichtfolie legen und zu einem 20 x 17 cm großen Rechteck ausrollen.
7. Die Folie vorsichtig abziehen und das ausgerollte Marzipan auf eine Platte legen.
8. Mit den kandierten Früchten belegen.
9. Die cremige Schokoladenmasse mit Hilfe einer Palette gleichmäßig darüber verteilen.

10. Für 1 – 2 Stunden in den Kühlschrank stellen.
11. Ein großes Messer in heißes Wasser tauchen, damit beim Schneiden der Dominosteine glatte Kanten entstehen.
12. Die gekühlte Dominomasse in 2 x 3,5 cm große Stücke schneiden, erneut kühl stellen.
13. Die Kuvertüre für die Glasur schmelzen und temperieren.
14. Ein Backblech mit Backpapier auslegen.
15. Die Dominosteine mit Hilfe einer Pralinengabel in die Kuvertüre tauchen, abtropfen lassen und auf das Backblech setzen.
16. Zum Verzieren die weiße Schokolade zerkleinern und schmelzen.
17. Mit 1 – 2 Tropfen Wasser glattrühren, und die Schokolade in ein kleines Pergamentpapiertütchen geben.
18. Eine winzige Spitze abschneiden; Dominomuster auf die trockene Glasur spritzen.

ORANGENKONFEKT

Für 50 Stanniolkapseln
(Foto unten links)

ca. 150 g Kuvertüre
100 g heller Mandelnougat
100 g Bitterkuvertüre
100 g Butter
abgeriebene Schale einer unbehandelten Orange
1 – 2 EL Orangensaft

Zum Verzieren:
kandierte Fruchtstücke

1. Die Stanniolkapseln dicht nebeneinanderstellen und mit geschmolzener, temperierter Kuvertüre füllen.

2. Die Kapseln wieder leeren, so daß nur ein dünner Kuvertürefilm darin zurückbleibt. Am besten legt man die gefüllten Stanniolkapseln kopfüber auf einen Gitterrost, unter dem eine flache Schale steht, welche die abtropfende Kuvertüre auffängt.

3. Mandelnougat und Kuvertüre kleinschneiden und vorsichtig im Wasserbad schmelzen. Etwas abkühlen lassen.

4. Die Butter in einer Schüssel mit den Schneebesen eines elektrischen Handrührgerätes schaumig schlagen.

5. Unter ständigem Rühren die Nougat-Kuvertüre zur Butter geben.

6. Alles mit Orangenschale und -saft aromatisieren, schaumig aufschlagen.

7. In einen Spritzbeutel mit Sterntülle füllen und in die vorbereiteten Stanniolkapseln spritzen.

8. Nach Belieben verzieren und bis zum Verzehr kühl stellen.

RUMSTANGEN

Für ca. 45 Stück
(Foto unten rechts)

40 g Kakaopulver
130 g Puderzucker
1 Eigelb
1 EL Rum
2 Fläschchen Rum-Aroma
1 EL Butter
50 g Marzipanrohmasse
1 TL Rum

Glasur:
150 g Vollmilchkuvertüre

Zum Verzieren:
30 g Bitterkuvertüre

1. Kakaopulver und 80 g Puderzucker in eine Schüssel sieben.

2. Eine Vertiefung in die Mitte drücken.

3. Eigelb, 1 EL Rum und das Rum-Aroma in die Vertiefung geben und die Butter in Flöckchen auf den Rand setzen.

4. Mit den Knethaken eines elektrischen Handrührgerätes zu einer glatten Masse verkneten.

5. Das Marzipan mit dem übrigen gesiebten Puderzucker und 1 TL Rum verkneten.

6. Den Marzipanteig zwischen zwei Blatt Klarsichtfolie legen; 2 mm dünn zu einem Quadrat ausrollen.

7. Die Folie abziehen und 1 cm breite Marzipanbahnen schneiden.

8. Die Kakaomasse zu Röllchen von ½ cm Durchmesser formen.

9. Die Marzipanbahnen mit Wasser bestreichen, die Kakaoröllchen längs darauflegen und leicht andrücken.

10. Die Bahnen in 3 cm lange Stücke schneiden und etwas antrocknen lassen, damit die Kakaoröllchen auf dem Marzipan klebenbleiben.

11. Für die Glasur die Vollmilchkuvertüre schmelzen, temperieren und die kleinen Rumstangen mit Hilfe einer Pralinengabel hineintauchen.

12. Abtropfen lassen und zum Trocknen auf ein mit Backpapier ausgelegtes Tablett legen.

13. Zum Verzieren die Bitterkuvertüre schmelzen, temperieren und in ein kleines Pergamentpapiertütchen geben.

14. Eine winzige Spitze von dem Tütchen abschneiden und die Rumstangen mit feinen Linien überziehen.

PRALINEN-TÜRMCHEN

Für ca. 45 Stück
(Foto oben)

135 hauchdünne Bitter-
Schokoladentäfelchen
(5 Päckchen)

Pralinenschaum:
1 Blatt weiße Gelatine
0,3 l süße Sahne
1 Eiweiß
90 g Bitterkuvertüre
100 g dunkler Nougat
1 Ei
abgeriebene Schale einer
halben unbehandelten
Orange
1 EL Rum
1 EL Orangenlikör

Zum Verzieren:
50 g Marzipanrohmasse
50 g Puderzucker
etwas Rote-Bete-Saft
50 g weiße Schokolade

1. Für den Pralinen-
schaum die Gelatine in
kaltem Wasser einwei-
chen.
2. Die Sahne cremig
schlagen und das Eiweiß
mit den gesäuberten
Schneebesen steif schla-
gen.
3. Die Kuvertüre und den
Nougat zerkleinern, im
Wasserbad schmelzen
und auf etwa 40 Grad
temperieren.
4. Ei, Orangenschale,
Rum und Orangenlikör
im heißen Wasserbad
schaumig aufschlagen
und die ausgedrückte
Gelatine in dem heißen
Eischaum auflösen.

5. Herausnehmen und
die Nougat-Kuvertüre
unter ständigem Rühren
dazugeben.
6. Die Sahne und den Eischnee vorsichtig unter-
heben und den Pralinen-
schaum für 3 Stunden
kühl stellen.
7. Den Pralinenschaum
in einen Spritzbeutel mit
kleiner Lochtülle geben
und kleine Spiralen auf
ein Drittel der Schokola-
dentäfelchen spritzen.
8. Auf ein Tablett legen.
9. Mit je einem Schokoladenblättchen belegen
und darauf erneut Prali-
nenschaum spritzen.
10. Das letzte Drittel der
Schokoladenblättchen
obenauf setzen und
etwas andrücken, damit
die Zwischenräume klei-
ner werden.
11. Zum Verzieren die
Marzipanrohmasse mit
dem gesiebten Puder-
zucker verkneten und
mit etwas Rote-Bete-Saft
rot einfärben. Die Masse
zwischen zwei Blatt Klar-
sichtfolie legen und dünn
ausrollen.
12. Die Folie vorsichtig
abziehen und kleine
Weihnachtsmotive aus
der roten Marzipan-
masse ausstechen.
13. Die weiße Schoko-
lade im heißen Wasser-
bad schmelzen, mit 2 – 3
Tropfen Wasser verrühren
und in ein kleines Perga-
mentpapiertütchen füllen.
14. Eine winzige Spitze
davon abschneiden und
feine weiße Linien auf die
oberen Schokoladen-
täfelchen spritzen.
15. Die Weihnachtsmotive
aus Marzipan darauflegen.
Gut gekühlt servieren.

WEINBRAND-KUGELN

Für ca. 50 Stück
(Foto unten)

160 g Kuvertüre
120 g Puderzucker
120 g gemahlene, ge-röstete Haselnüsse
1 Eiweiß
5 EL Weinbrand
abgeriebene Schale einer unbehandelten Orange

Füllung:
80 g Butter
Mark einer Vanillestange
4 hartgekochte Eigelb, durch ein Sieb gestrichen

Glasur:
200 g Kuvertüre

Zum Wälzen:
4 EL Kakaopulver

1. Die Kuvertüre zer-kleinern und im heißen Wasserbad schmelzen lassen.
2. Gesiebten Puder-zucker, Haselnüsse, auf-gelöste Kuvertüre, Eiweiß, Weinbrand und Oran-genschale miteinander zu einer glatten Masse verrühren.
3. Etwa ½ Stunde in den Kühlschrank stellen.
4. Die Butter für die Fül-lung mit den Schnee-besen eines elektrischen Handrührgerätes so lange schaumig schla-gen, bis sie fast weiß ist.
5. Das Vanillemark und das durch ein Sieb ge-strichene Eigelb unter-rühren.

6. Aus der kalt gestellten Masse kirsch- bis wal-nußgroße Kugeln formen und mit dem kleinen Fin-ger eine Vertiefung in die Mitte drücken.
7. Die Füllung in einen Spritzbeutel mit kleiner Lochtülle geben und in die Vertiefungen der Kugeln spritzen.
8. Die Weinbrandkugeln wieder verschließen.
9. Für die Glasur die Kuvertüre schmelzen, temperieren, und die Weinbrandkugeln mit Hilfe einer Pralinengabel hineintauchen.
10. Gut abtropfen lassen und danach in dem Kakaopulver wälzen.
11. Zum Aufbewahren möglichst in Papierprali-nenförmchen setzen, ab-decken und kühl lagern.

LAFERS MOZART-KNÖDEL

Für 6 Portionen

Kartoffelteig:
350 g mehlig kochende Kartoffeln
30 g Butter
150 g Mehl
40 g Hartweizengrieß
2 Eigelb
1 TL Vanillezucker
abgeriebene Schale einer unbehandelten Zitrone
eine Prise Zimt
eine Prise Salz

Marzipanteig:
60 g Pistazienkerne
60 g Puderzucker
150 g Marzipanrohmasse
1 EL Rum

Gefüllte Pflaumen:
50 g Nougat
50 g Kuvertüre
50 g weiche Butter
abgeriebene Schale einer unbehandelten Orange
1 EL Orangensaft
12 entsteinte Back-pflaumen

Zum Wälzen:
200 g gemahlene Mandeln

Soße:
100 g Crème double
2 EL Puderzucker
1 EL Rum

Zum Verzieren:
100 g pürierte Himbeeren, durch ein Sieb gestrichen
Pfefferminzblättchen
Puderzucker

1. Die gesäuberten, ungeschälten Kartoffeln in Salzwasser weich kochen, abgießen.
2. Die Kartoffeln pellen auf ein Backblech legen und im vorgeheizten Backofen bei 200 Grad ca. 10 Minuten trocken-dämpfen.
3. Die übrigen Zutaten für den Kartoffelteig in eine Schüssel geben, die Kartoffeln mit einer Kartoffel-presse fein zerdrücken oder durch ein Sieb strei-chen und dazugeben.
4. Einen glatten Teig dar-aus kneten, in Klarsicht-folie wickeln und im Kühlschrank 1 Stunde ruhen lassen.
5. Die Pistazien für den Marzipanteig fein mahlen.
6. Mit gesiebtem Puder-zucker, zerbröckeltem Marzipan und Rum zu einem glatten Teig ver-kneten. Beiseite stellen.
7. Nougat und Kuvertüre für die gefüllten Pflaumen zerkleinern und im Was-serbad schmelzen.
8. Die Butter schaumig schlagen und die Nou-gat-Kuvertüre dabei lang-sam einlaufen lassen.
9. Orangenschale und -saft dazugeben und so lange weiterschlagen, bis eine Creme entsteht.
10. Die Backpflaumen mit einem Kochlöffelstiel vorsichtig aushöhlen.
11. Die Creme in einen Spritzbeutel mit kleiner Lochtülle geben; in die Backpflaumen spritzen.

12. Den Marzipanteig zwischen zwei Blatt Klarsichtfolie legen und ca. 2 mm dünn ausrollen.

13. Die Folie vorsichtig abziehen und 12 gleich große Stücke aus dem Marzipanteig schneiden.

14. Je eine gefüllte Backpflaume damit umhüllen.

15. Den Kartoffelteig mit bemehlten Händen auf einer mit Mehl bestäubten Arbeitsfläche ausrollen und in 12 Stücke schneiden.

16. Die in Marzipan gehüllten Backpflaumen nun darin einschlagen und zu Knödeln formen.

17. Die Knödel in kochendes Salzwasser geben und ca. 10 Minuten darin garziehen lassen.

18. Die gemahlenen Mandeln in einer heißen Pfanne goldbraun rösten.

19. Für die Soße Crème double, gesiebten Puderzucker und Rum miteinander glattrühren.

20. Die Knödel mit einer Schaumkelle aus dem Wasser heben, abtropfen lassen und vorsichtig in den gebräunten Mandeln wälzen.

21. Die Soße gut durchrühren und mit dem Himbeerpüree dekorativ auf sechs Teller verteilen.

22. Je einen ganzen und einen halbierten Knödel darauf anrichten, mit Pfefferminzblättchen und Puderzucker verzieren.

REGISTER

Das Buch zur erfolgreichsten Koch-Serie, die je im Fernsehen gezeigt wurde. Die deutsche Regionalküche von 24 Meister-köchen auf neue Art zubereitet: Leichter, bekömmlicher, delikater. Alle Menüs der ZDF-Serie sind so exakt beschrieben und bebildert, daß sie auch Hausfrau und Hobbykoch gelingen. Zusätzlich enthält das Buch 50 weitere Rezepte sowie ein Küchen-Lexikon.

ESSEN WIE GOTT IN DEUTSCHLAND
24 komplette Menüs, 120 Rezepte.
Viele neue Farbfotos.
Großformat 21 x 28,5 cm
DM 36,00

"Das Kochbuch mit dem Löffel"
das meistgepriesene, meistdekorierte, meistverschenkte Kochbuch der 80er Jahre. Ein Rezeptbuch, das die kreative Lust am Herd lehrt. Ein Bilderbuch, das zum Anbeißen schön ist. Ein Gourmet-buch, das auch der Anfänger sofort versteht. Kurzum: „Ein Klassiker, jetzt schon" (Ulrich Klever in der Süd-deutschen Zeitung).

KOCHEN — Die neue große Schule
16 Kapitel, 296 Seiten, 1000 farbige Fotos, 2000 Rezeptideen
Großformat 23 x 31 cm
DM 46,00

"Das Buch mit dem Ei" —
der frisch gebackene Bestseller.
Ein Backbuch, wie es noch keines gab.
Ein Lehrbuch, das unwiderstehlich zu
süßen Sünden verführt. Ein Luxusbuch,
das zuverlässige und genau beschrie-
bene Rezepte enthält. Ein Ich-kann-mich-
nicht-satt-sehen-Buch, dessen einfache
Methode auch dem Anfänger wie Hefe
aufgeht. Kurzum: „BACKEN ist die
Quintessenz der Backkunst"
(Zeitschrift "Feinschmecker").

BACKEN — Die neue große Schule
16 Kapitel, 292 Seiten, 1000 farbige Fotos,
2000 Backideen
Großformat 23 x 31 cm
DM 46,00

Kochen lernen auf leichte Art: Die beiden
erfolgreichen Fotokochkurse voller Ideen.

KOCHEN — Die junge Schule
"Von Anfang an gut kochen", 240 Seiten,
300 Rezeptideen für 50 komplette
Gerichte, 700 Farbfotos
Format 15 x 22 cm, DM 19,80

KOCHEN — Die Neue Küche
"Nouvelle Cuisine — endlich leicht
gemacht", 240 Seiten, 300 Rezeptideen
für 50 komplette Gerichte, 700 Farbfotos
Format 15 x 22 cm, DM 24,80